늦은 날의 문장들

한국현대수필 100년 | 사파이어문고 ㉘

정영숙 수필집
늦은 날의 문장들

인쇄 | 2025년 8월 27일
발행 | 2025년 9월 2일

글쓴이 | 정영숙
펴낸이 | 장호병
펴낸곳 | 북랜드
　　　　04556 서울 중구 퇴계로41가길 11-6, JHS빌딩 501호
　　　　46965 대구 중구 명륜로12길 64(남산동)
　　　　전화 (02)732-4574, (053)252-9114
　　　　팩스 (02)734-4574, (053)252-9334
　　　　등록일 | 1999년 11월 11일
　　　　등록번호 | 제13-615호
　　　　홈페이지 | www.bookland.co.kr
　　　　이-메일 | bookland@hanmail.net

책임편집 | 김인옥
기　　획 | 전은경
교　　열 | 서정랑

ISBN 978-11-7155-157-6 03810
ISBN 978-11-7155-158-3 05810 (E-book)

값 13,000원

한국현대수필 100년
사파이어문고 28

늦은 날의 문장들

정영숙 수필집

북랜드

책을 내면서

어둡고 서늘한 뒤란에서 오랫동안 얼어 있었던 글들을 하나씩 꺼내어 해동해 본다. 어제와 오늘, 어둠과 밝음이 교차하는 긴 터널을 타박타박 걸어온 느낌이다.

산다는 게 그리 거창한 것이 아닌데, 나도 모르게 습관처럼 우울했었다. 가끔은 단절되고 더러는 고독해서 그만 멈추고 싶은 날도 있었다.

그랬다.

삶의 모서리에 부딪혀 아픈 마음을 홀로 다독이며 주절대는 날도 많았다. 그 조각을 이어붙여 한 편의 글로 직조하는 일도 쉽지는 않았다.

되읽어 보니 어딘가 허술해 보이고, 한편으로는 부끄럽기도 하다.

그러나 또 한편으로는 삶 자체가 기쁨과 슬픔, 절망과 희망, 어둠과 빛을 깁고 누벼 완성해가는 한 폭의 천 아닌가 싶기도 하다. 하여 부끄러움을 무릅쓰고 책으로 묶는다. 지나온 삶을 되돌아보고 새로운 삶의 무늬를 직조해가기 위해.

독자에겐 어둡고 우울한 색조보다는 가볍고 부드러운 감촉으로 다가갈 수 있기를 바라는 마음이다.

글 쓰는 동안 삶과 문학에 대한 지표를 세워준 김순아 선생님께 진심으로 감사를 드린다. 서툰 화법에도 용기를 주고 아낌없이 응원하며, 곁에서 지켜보아 주는 나의 사랑하는 가족들에게 고마움을 전한다.

정영숙

| 차례 |

1부

봄물에 들다

　겨울 동안 겹겹이 동여매었던 매듭이 풀리고 향 맑은 꽃망울이 마당 여기저기서 터진다. 노란 물감을 흩뿌린 듯 피는 산수유, 수줍은 매화, 그리고 내가 가장 사랑하는 그리움의 목련. 그 어여쁜 자태를 가까이에서 보는 설렘이 좋다.

　마당에 피는 꽃들은 봄의 전령사다. 때마침 우수雨水절 봄비가 적셔주면 그 맑고 청순한 자태는 더할 수 없는 봄 연서가 된다. '하르르 하르르' 꽃잎이 떨어지는 호젓한 봄밤. 흩날리는 꽃무리를 혼자 즐기기 아까워 대문을 열어 두었다. 혹 늦은 밤 귀가를 서두르는 이가 골목을 지나가면 봄비에 젖은 은은한 매화 향기를 나눠 주고 싶어서다.

햇살이 잘 드는 뜰은 한 계절을 넉넉히 즐길 봄의 향연이 시작되었다. 울타리로 심어 둔 동백꽃은 머뭇거리다 이제야 꽃망울을 터트린다. 꽃사과 나무도 멍울이 생겼다. 장독대가 있던 뒤란엔 살구꽃과 황매화도 몽우리가 진다. 마당 언저리엔 개불알꽃과 노란 민들레가 봄바람을 탄다. 생기가 넘쳐나는 봄 뜰은 스스로 꽃을 피우고 향기를 모으느라 바쁘다. 겨울을 견딘 봄물 가득한 뜰 앞에 서면 해마다 봄이 새롭고 신비스럽다.

어느 해 봄날, 어머님은 간밤에 내린 봄비를 밟고 봄나물을 한 보따리 뜯어 오셨다. 겨우내 파묻혀 있던 파릇한 봄동과 여린 머위잎, 보드라운 부추는 봄물을 가득 머금고 있었다. 사위도 안 준다는 초벌 부추의 알싸한 맛에도 봄물이 들어 있었다.

볕이 잘 드는 평상에 앉아 어머님과 봄나물을 다듬었다. 냉이 한 움큼, 꽃술 품은 유채나물, 여린 쑥이 장마당에 내어놓아도 좋을 만큼이었다. 쑥은 다듬어 쑥버무리하고, 나물은 살짝 데쳐 막장에 조물조물 무쳐 보라는 어머님의 입가에도 봄물이 돌았다. 나물을 다듬다 꽃바람에 포근한 졸음이 밀려들 때쯤, 늙은 고양이는 슬쩍 담장을 넘어갔었다. 잠시 잊고 살았던 그해의 봄물 향기가 그리움으로 떠오른다.

봄은 설렘의 시작이다.

산수유나무에 첫 순이 돋아나면 마당의 꽃나무들은 하나둘 기지개를 켠다. 새 피가 돌아 꽃나무 가지 끝마다 봄물이 오른다. 눈 뜨면 새롭고 신비스런 생명의 숨소리가 들리는 아름다운 뜰은 소란스럽다.

봄은 사람의 마음을 움직이고 꽃잎은 가슴을 적신다. 꽃을 피우고 스스로의 생명력으로 견뎌낼 청신한 봄물이 넘치는 삶의 뜰. 이렇게 아름다운 뜰에서 나는 몇몇 해의 봄을 맞으며 또 기다려 줄 수 있을까.

화사한 봄 뜰에 오늘은 따스한 햇살이 살포시 내려앉는다.

받아쓰기를 놓치다

올봄에 소금 두 자루를 샀다. 순전히 어머님 때문이다. 어머님은 생전에 항아리에 소금이 가득 차 있어도 해가 바뀌면 새 소금을 준비하셨다. 간수를 잘 빼야 소금의 짠맛이 단맛으로 바뀐다고 말씀하셨지만, 아무리 맛보아도 소금이 달지는 않았다.

어머님은 봄꽃이 한창일 무렵이면 생멸치를 사다가 소금으로 버무려 멸치젓갈을 담그셨다. 비린 생멸치에 바실바실한 흰 소금을 켜켜이 눌러 담아 서늘한 곳에 밀봉하여 숙성을 기다렸다.

고백하건대 나는 이 나이가 되도록 내 손으로 직접 된

장, 고추장을 담그지 않았다. 늘 어머님의 친절한 주방 보조로 만족했다. 여자가 살림을 잘하려면 먼저 장을 잘 담글 줄 알아야 한다며 공책이라도 가져와서 적어보라고 하셨지만, 나는 번번이 "나중에 적을게요." 하며 받아쓰기를 미뤘다. 까짓것 어머님의 보조로 눈으로 익힌 세월이 있는데 맡겨 주면 더 잘할 수 있다는 약간의 오기도 있었다.

그런데 어머님의 장맛은 진짜 단맛이 났었다. 별 부재료가 없이 된장만 풀어서 보글보글 찌개를 끓여내도 온 식구가 맛나게 먹었다. 넘쳐나는 푸성귀에 된장, 고추장을 버무리면 맛깔스럽고 풍성한 식탁을 차릴 수 있었다.

어머님의 비법은 묵혀두고 쓰신, 간이 알맞은 소금 맛이었을 것 같다. 간수를 빼지 않은 소금은 쌉싸래하면서 쓴맛이 나니까 어머님은 매년 새 소금을 사다가 묵혀두었나 보다.

되는 집은 장맛도 달다고 했다. 그 집안의 고유한 장맛을 위해 정성과 노력을 다해 장맛을 이어간다. 볕 좋은 날에는 장독을 열어 햇볕의 기운을 받고, 궂은날에는 장에 부정한 것이 들어가지 않도록 더욱 정성을 쏟아 관리

한다.

그러나 요즘은 그렇지 않다. 서둘러 바삐 살아갈 수밖에 없는 요즘은 모두 손쉽고 간편한 만능소스를 더 많이 찾는다. 요리 관련 프로그램에서는 만능소스를 뿌리거나 설탕을 듬뿍 넣은 음식을 소개하기도 한다. 간혹 저렇게 먹어도 되나 하는 생각도 들지만, 이제는 만능 간장소스가 일상화된 것 같다.

많은 주부가 만능 간장소스를 찾고 있으며, 식당에 가도 만능소스를 뿌린 음식이 상 위에 올라온다. 그러나 그것이 과연 음식 고유의 맛을 살려낼 수 있는지, 우리의 미각을 마비시키는 일은 아닌지 생각해 볼 일이다.

숙성된 장을 가족에게 맛보이기 위해 소금을 묵혀두던 어머님의 살림 비법, 그것은 인생의 짠맛을 단맛으로 바꾸는 삶의 지혜이기도 했다. 그러나 과연 얼마나 묵혀야 단맛이 날까. 어머님의 비법을 살아계실 때 받아쓰지 못한 일이 새삼 후회로 다가온다. 유독 햇살이 좋은 오후, 소금 자루를 앞에 놓고 나는 얼른 연필을 꺼내 든다.

"어머님, 다시 한 번만 말씀해주실래요?"

지나간 날을 만지작거리다

바람이 붑니다. 꽃들의 화려한 비상이 끝나려고 합니다. 머지않아 천지는 온통 싱그러운 초록빛으로 물들어 갈 것입니다. 흐드러지게 핀 분홍 꽃잎을 화르르 쓸어가는 봄바람이 밉지만은 않습니다.

잠시 머물던 봄바람의 향기처럼 우린 참 많은 것을 잊고 삽니다. 오래도록 기억하고 싶은 삶의 풍경을 무심하게 잊고 삽니다. 그저 바람에 스치듯 빛바랜 삶의 이야기는 흑백사진 속에서나 존재합니다.

꽃샘바람이 유난히 심하게 불던 날, 나는 수많은 흑백사진을 마주하였습니다. '양산시 승격 20주년'을 맞아 시청 민원실에 전시된 '양산 역사사진 순회 전시회'는 깊은 향수를 불러일으켰습니다.

전시된 사진은 마치 과거로 여행하는 안내장 같았습니다. 근현대사의 사진에 유독 눈길이 머물렀습니다. 사진은 지난 1950년대부터 현재까지 양산의 과거와 현재를 비교해 볼 수 있는 장면과 양산의 발전상, 주민들의 생활상이 고스란히 담겨있었습니다. 새마을운동 모습이 담긴 사진에선 힘찬 새마을 노래가 흘러나올 것만 같았습니다.

우리가 살아가고 있는 양산은 시 승격 이후 20년이란 세월 동안 많은 변화를 겪었습니다. 계절 따라 곡식이 자라던 들판에는 아파트가 들어서면서 신도시로 변모하였고, 소를 풀어 두던 강둑은 산책길로 단장되었습니다. 내가 사는 마을도 택지개발이 되기 전의 흔적을 찾아보기 어렵게 되었습니다. 새참을 내가던 농로며 초록 물결이 넘실거리던 들판과 누렇게 벼가 익어가던 들녘은 이제는 사라지고 없습니다.

서른세 해 전, 곡리마을의 정경을 오래전 사진에서 찾아봅니다. 이른 새벽부터 메기들로 나가 해가 질 때까지 들에서 사셨던 아버지. 보리타작이 끝날 무렵이면 누렁소와 함께 쟁기질에 써레질하여 못줄 눈금에 맞춰 모내기하던 이웃들, 푹푹 찌는 한여름이면 고개 숙이고 단단하게 익어 가던 벼, 삽상한 바람 불어오면 누렇게 익은 나락을 온 가족이 나서서 탈곡하던 들녘, 해가 서쪽으로 기울면 메기들 너머 강둑에 풀어 둔 누렁소를 찾아 지게에 쇠꼴을 한 짐 얹어서 가던 굽은 길. 워낭소리에 하루의 고단함을 잊고 집으로 돌아가던 그 풍경들.

양산과 구포를 오가는 완행버스를 타고 오일장에 가시던 어머니, 3일 8일은 구포장이요, 1일 6일은 양산장이라고 달력에다 동그라미를 쳐놓고 장날을 기다리시던 어머니. 열무 몇 단, 참깨 한 됫박, 풋호박·가지·오이…, 푸성귀 보따리를 싣고 구포장까지 가려고 새벽길을 나서던 어머니. 덜컹거리는 버스 안에서 멀미에 시달려도 자식들 육성회비, 학용품비 마련을 위해 장터에서 꼬박 하루를 보내고 집으로 돌아오던 그 어머니들….

흑백사진 속에 고스란히 담겨있는 저 눈물겨운 풍경들, 가만히 내 얼굴을 만져봅니다. 정지된 풍경 속에서 활짝 웃고 있는 어머니 아버지의 얼굴들, 그 수많은 얼굴이 깃든 내 얼굴을 만지작거리니, 아득히 지나간 날들이 만져지는 것만 같습니다.

늦깎이

바깥 날씨가 심상찮다. 먹구름이 우르르 몰려다닌다. 비가 한바탕 퍼부을 기세다. 세차게 소낙비라도 내렸으면 좋겠다. 마음이 울적하다. 어머님의 건강이 부쩍 나빠지면서 할 일도 더 늘었다. 어머님의 병수발을 하면서 직장을 오가는 하루가 길고도 피곤하다. 갱년기가 온 때문인지 짜증도 늘어간다.

오랜 병중에 우울해진 어머님은 목욕날을 은근히 기다리시는 눈치다. 하루가 다르게 체중이 줄어들고 금방이라도 쓰러질 듯 누워계시다가도 목욕을 하자고 말씀드리면 얼굴에 화색이 돈다. 때수건에 비누를 묻히고 등부터 천천히 씻겨 드린다. 가슴에 때수건을 갖다 대니 한사코 메마른 가슴을 가리신다. 며느리에게 몸을 맡기는 것이 못내 부끄러우신 모양이다.

"야야, 대충 씻어라, 니 팔 아프다 아이가…"

늘 똑같이 말씀하신다. 남에게 신세 지는 것을 극도로 싫어하시는 어머님의 성정을 알기에 목욕할 때는 좀 더 살갑게 친정어머니처럼 대하려고 애쓰지만 어머님의 마음은 또 그렇지 않으신가 보다. 목욕을 마친 어머님 몸에 향기로운 샤워 코롱을 뿌려드렸다. 마른 장작 같은 어머님 몸에서 기분 좋은 향이 번진다. 팔이 아픈 것도 잠시 잊고 보송해진 어머님을 바라본다.

불현듯 요양원에 계신 친정어머니의 안부가 궁금해진다. 어디 더 아픈 데는 없으신지, 식사는 잘하시는지… 욕조의 물을 쏟아붓는데 눈물이 푹 솟구친다. 나는 엄마를 이렇게 따뜻한 물에 정성껏 씻겨 드린 일이 몇 번이나 있었던가. 어릴 적 기억을 더듬어 보면, 한여름 밭에서 돌아온 엄마 등에 찬물을 끼얹어 준 게 고작이다. 지금처럼 향기로운 비누가 아니라 빨랫비누처럼 단단한 '다이알' 비누로 쓱쓱 문질러 물 한 바가지만 끼얹어드려도 시원하다며 웃으시던 엄마. 그러나 그렇게 웃던 그 젊은 엄마는 이제 없다. 앙상한 겨울나무처럼 늙고 깡마른 몸으로 병상에 누워 사람조차 알아보지 못하신다.

목욕을 끝낸 어머님은 쓴 약을 한 움큼 억지로 삼키시고는 통증을 잊고 편히 주무신다. 아이를 재우고 돌아서듯 조용히 이층으로 올라와 생각에 잠긴다. 가끔은 칭찬을 받아 웃기도 하고, 또 가끔은 내 실수로 혼이 나서 울기도 하면서 어머님을 미워한 적도 많다. 어머님도 나를 혼내시고는 돌아서 속상했던 날이 많았으리라. 어쩌면 나를 혼내시는 일이 어머님의 서툰 사랑 표현이었을지도 모른다.

그것을 눈치채지 못하고 살지만, 어느 때 비로소 깨닫게도 된다. 진즉에 알았더라면 좋았을 일을 늦게야 알고 눈물 흘리는 일이 많다. 잠들어 누워계신 어머님을 보니, 새삼 어머님이 내게 주신 사랑이 크다는 생각이 든다. 당신 떠난 뒤에도 의연하게 제 몫 감당하며 살라고 집안 살림부터 타인을 대하는 법까지 하나하나 일러주신 어머님. 그 말씀의 의미가 깊은 통증으로 가슴에 박힌다.

옷장 속에서 나이를 읽다

사는 일은 불안의 연속이다. 늘 이런저런 일들이 나를 흔든다. 가을이면 더 심장이 뛴다. 무언가를 잃어버린 듯 허전한 마음과 알 수 없는 심란함이 가슴을 뛰게 한다. 이럴 땐 옷장을 정리하는 것이 제일 좋은 방법이다. 조용히 옷장을 연다. 버려야지, 버려야지, 하면서 버리지 못한 옷가지들이 옷장 가득 쌓여있다. 이건 값비싼 옷이라 버리지 못하고, 저건 추억이 서려 있어 버리지 못하고…. 유행이 지났건만, 혹시나 다른 데 쓰임이 있을지도 모른다는 막연한 생각에 걸어둔 옷도 있다.

　왼쪽에서부터 오른쪽으로 옷걸이에 걸린 옷들을 하나

씩 뒤적이다 보니, 시집올 때 입었던 한복이 눈에 띈다. 새색시 때 입고는 거의 입은 적 없이 옷장 속에서 내 나이만큼 늙어 가는 진분홍빛 한복. 20대의 옷자락을 이순耳順의 문턱에 이르기까지 놓지 못한 것은 기억 저편에 잠재워둔 그 어떤 것이 그리워서인지도 모른다.

어릴 적 어머니가 사주신 원피스가 만져진다. 어느 봄날, 시장에 다녀오신 어머니가 내 손에 건네주신 연한 살굿빛 원피스다. 이 원피스를 입었던 그때는 참 행복했다는 생각이 든다. 가난한 형편에도 딸자식 예쁜 옷 한 벌 사주려고 꼬깃꼬깃 돈을 모았을 어머니의 마음. 내가 딸자식을 낳아 기르면서야 알게 되었다. 그 때문인지 요즘도 옷가게에 들르면 연살구색 옷에 눈길이 먼저 머문다. 때로는 나도 모르게 만지작거리기도 한다. 나풀거리며 내게 건너오던 나일론 원피스의 사각거림, 그 감촉….

내친김에 옷장에서 옷을 모두 꺼내 방바닥에 늘어놓는다. 해지고 낡은 옷은 재활용 종이상자에 담아 방문 앞에 내다 놓고, 헝클어진 옷들은 반듯하게 접어 차곡차곡 쌓았다. 객지로 떠난 아이들 교복은 아이들이 버려도 된다고 허락할 때까지 기다려 주어야겠다. 아이들의 소중한 추억이 담긴 교복은 내 한복처럼 그렇게 한동안 다시 옷장 안에서 나이를 먹어 가리라. 먼 훗날 아이들이 돌아와 엄마의 낡은 옷장에서 자기들이 입었던 교복을 발견하고는 "그래, 그땐 그랬었지."라고 이야기할지도 모를 일.

반듯하게 접어 쌓아놓은 옷들을 다시 옷장에 넣다 보니 지난겨울에 입었던 스웨터 가슴 언저리에 얼룩 한 점이 보인다. 분명 세탁해서 넣었을 텐데, 어찌 된 모양인지 붉은 얼룩이 선명하다. 칠칠치 못하게 흘려놓고는 돌아서 잊어버리고 한 해가 지난 지금에서야 보게 되었다니…. 나이 들어서도 서두르는 나를 책망하며 스웨터를 미지근한 물에 담가 살살 문질렀다. 빨갛게 얼룩졌던 김칫국물이 따뜻한 물속에서 살살 풀려나온다. 겨우내 왠지 모르게 한쪽 가슴이 아렸던 게 이 얼룩 때문이었을지도 모른다는 엉뚱한 생각도 든다.

말끔해진 스웨터를 탈탈 털어 햇살 잘 드는 곳에 널었다. 담장 너머로 맑고 시원한 바람이 불어온다. 올려다본 가을 하늘에 엷은 구름이 몇 점 떠돌고 있다.

유효기간

바람이 분다. 아침까지만 해도 화창했던 하늘이 어두워진다. 열어 둔 창에서 비 냄새가 훅, 들이친다. 창을 닫으려 창가로 간다. 바람이 세다. 옮겨 심은 꽃사과나무도 한쪽으로 기우뚱 쏠린다. 세찬 바람에 동백꽃 무리가 툭, 떨어진다. 급기야 쏴─, 비가 흩뿌린다. 몰려오는 습한 공기가 내 허리를 휘감으면서 쿡쿡 찌른다.

병원을 들락거리며 받았던 물리치료는 큰 효과가 없었다. 화장대를 겨우 짚고 서서 가만히 거울을 들여다본다. 희끗희끗 잔설이 내린 머릿결, 눈가에 선명한 주름살, 탄력 잃은 피부, 구부정하게 굽은 어깨…. 거울 속 저 여자는 누구인가?

노화가 온 것은 몸만이 아니어서 요즘은 방금 들은 이야기도 까맣게 잊는다. 열심히 밑줄 그으며 정독한 책의 문장도 돌아서면 생각이 나지 않는다. 공과금 납부 기일을 놓쳐 과태료를 낸 일도 허다하다. 문득 운전면허증 갱신하던 때가 떠오른다.

얼마 전, 허리 통증으로 고생하는 나를 위해 남편이 중고차 한 대를 사주었다. 편하게 시장도 가고 수영장에도 좀 가라고. 수영으로 운동을 하면 허리 통증도 가라앉을 거라고도 했다. 새삼 운전이라니. 운전대를 잡지 않은 지 꽤 오래되었다. 잊고 있던 운전면허증을 꺼내니 빛바랜 면허증 아래 희미한 숫자가 갱신 기간이 10년도 더 지났음을 일러주었다. 그사이 나는 무엇을 하며 살아온 걸까.

우리가 살아가는 생은 언제까지나 지속되지 않는다. 운전면허증처럼 갱신할 수도 없다. 살아있는 모든 것은 꽃처럼 지게 마련이니까. 나도 내 주변 사람들도 만남의 유효 기간은 살아있는 동안이지 않겠는가. 그간 내가 만난 사람은 얼마나 될까, 내게서 떠나간 사람은, 그리고 곁에 있는 사람은 더 얼마나 볼 수 있을까. 착잡해지는 마음을 애써

떨쳐버리려고 서둘러 거울 앞을 떠났다.

비 그치면 잠시 수영장에 다녀와야겠다. 지금 수영을 한다고 한들 젊었을 때의 몸으로 되돌아갈 수야 없겠지만, 물속에서 걷는 동안은 허리가 곧게 펴져 통증도 조금씩 가라앉음을 느낀다. 뿐만 아니라 메말랐던 가슴에도 물기가 스며듦을 느낀다. 무엇보다 한 가지 일에 집중하게 되면 복잡한 생각을 떨쳐버릴 수 있어 좋다.

잠시 잠잠했던 바람이 다시 분다. 흔들리는 꽃나무 사이로 비늘 같은 꽃잎이 하르르 떨어진다. 흔들리는 저 나무 속에 얼마나 많은 실 같은 흔적이 감겨 있을지. 또 얼마나 많은 고통과 고독이 똬리를 틀고 있을지. 떨어져 흩날리는 꽃비늘들을 바라보면서 나는 아직 남은 내 삶을, 내 주변 사람들을, 그들과의 의미 있는 만남을 다시 한 번 생각해 본다.

마스크 속에서

불안한 날들이었다.

2020년 봄, 코로나 팬데믹 소식이 들려오던 그때를 떠올린다. 당시 우리는 마스크를 구하기 어려워 주민등록증까지 손에 들고 약국 앞에서 긴 줄을 서야 했다. 각 방송사의 뉴스는 앞다투어 바이러스에 감염된 환자의 수를 카운트하고 그래프를 그려서 실시간으로 보도했고, 뉴스를 접하는 사람들은 행운을 바라며 복권을 사는 것처럼, 구하기 어려운 마스크 몇 장을 얻으려고 발을 굴려야 했다.

그러나 마스크를 쓰면서 우리는 상대방의 입술을 볼 수 없게 되었다. 아름다운 친구의 목소리는 몇 겹 특수한 천으로 포장된 마스크 속에서 옹알거렸고, 그 목소리 듣기 위해 쫑긋 귀를 세우고 긴장해야 했다. 그 긴장은 사람과 사람 사이의 심리적 관계에 불신을 얹어 놓았다.

며칠 전, 나는 부산에 다녀오면서 나를 불신하는 사람의 심리적 긴장을 온몸으로 경험했다. 그날따라 오후의 햇볕이 무척이나 따가웠다. 목이 말라 명륜역 편의점에서 생수를 한 병 사 들고 양산으로 오는 버스를 기다리고 있었다. 버스는 좀체 오지 않았고, 나는 그늘도 없는 버스정류장에서 땀을 뻘뻘 흘려야 했다. 생수를 한 모금 더 마시려는 순간, 버스가 도착했다. 줄을 서서 기다리던 사람들이 우르르 차에 오르고, 나도 뒤따라 차에 올랐다. 마침 맨 앞자리가 비어 있었다. 엉덩이를 대고 앉아 주위를 살폈다. 그리곤 생수병 뚜껑을 돌리며, 살짝, 아주 살짝 마스크를 내렸다. 그때였다. "아줌마! 마스크, 마스크 올리세요."

험상궂은 인상의 버스 기사가 날카로운 목소리로 호통을 쳤다. 물론 그것은 바이러스의 확산에 대한 두려움 때문에, 자신도 모르게 튀어나온 호통이었으리라. 그러나 아직 입술에 물 한 모금 닿지도 않았는데…. 순간, 나는 당황하여 바닥에다 물을 찔끔 쏟고 말았다. 민망하여 얼굴까지 화끈 달아 올랐다. 기사는 내가 안전 수칙도 모르는 사람으로 본 것일까.

나는 '마스크를 쓰지 않은 것도 아니고, 아주 잠깐 마스크를 내려 물을 마시려 한 것뿐인데….' 하는 생각에 기분이 몹시 언짢아졌다. 그러는 사이, 버스 뒷자리에 앉은 어떤 젊은이도 핸드폰으로 음악을 듣다가 실수로 소리를 냈다. 그 역시 나처럼 경고를 받았다. 기사는 버스 안에서 마스크를 절대 내리면 안 된다고 강한 어조로 말했다. 그의 위협적 목소리는 승객들의 심리를 위축시키기에 충분했다. 버스가 출발하자 옆자리에 앉아 소곤거리던 사람들의 대화마저 끊어졌다.

버스가 고속도로에 진입하면서, 나는 엉뚱한 고민이 생겼다. 버스가 멈추는 첫 번째 정류장에서 내려야 하는데, 이 고요한 적막을 깨고 하차 벨을 어떻게 눌러야 하나, 생각이 드는 것이었다. 물 한 모금 마시려다 크게 질책받은 마음은 몸을 일으키는 일조차 힘겹게 만들었다. 기사가 큰소리로 지적하지 않았다면, 나는 하차 벨 꾸욱 누르고, 아주 상냥하게 "기사님 수고 많으셨습니다."라고 따뜻한 말을 건넬 수 있었을 텐데…. 마스크 속 입이 근질거렸다.

맛은 그리움이다

　몇 해 동안 동지 팥죽을 끓이지 않았다. 동짓날이 가까워지자 남편은 내가 팥죽을 끓이기를 바라는 눈치다. 아이들도 다 떠나고 없는데 둘이서 먹자고 손이 많이 가는 팥죽을 끓이려니 귀찮은 생각도 든다. 그러나 동짓날 먹는 팥죽의 특별한 맛의 의미를 알기에 어머님이 남겨둔 곡식 중, 마지막으로 남은 팥을 꺼냈다. 묵혀 둔 팥이라 좀이 쓸고 쪼그라져 있었다. 다 버리긴 아까워 먹지 못할 팥만 골라내고 물에 씻어 큰 양푼에 담아 불려두었다.

　팥죽의 맛은 팥이 무르도록 알맞게 삶아내는 것이 관건이다. 쌀을 씻어 물에 불려두고, 먼저 불린 팥을 한 번 더 깨끗하게 씻어 솥에 안친 다음 센 불로 끓인다. 부르르 팥물이 끓어오른다. 첫 물은 버리고 다시 새 물을 부어 팥이 무를 때까지 푹 삶는다. 팥을 삶는 동안 냉동실에 보관해 둔 찹쌀가루와 멥쌀가루를 꺼냈다. 가루를 골고루 섞어 따스한 물을 붓고 익반죽한 다음 동굴동글 새알심을 만들었다.

그사이 팥이 무르게 푹 익었다. 잘 익은 팥을 꺼내 채반에 옮겨 담고, 팥물을 부어가며 숟가락으로 으깨기를 반복한다. 채반을 떠받친 양푼에 팥물이 흘러내리는 소리가 난다. 양푼 바닥에 앙금이 앉을 때까지 팥을 으깨어 껍질을 걸러내는 작업을 반복하면 조리과정은 거의 끝난다. 잘 걸러진 팥물은 윗물과 앙금을 분리해서 윗물만 따라 붓고 다시 팔팔 끓여야 한다. 그리고는 남은 앙금과 불린 쌀을 넣고 센 불을 약한 불로 조절하여 내용물이 바닥에 가라앉눋지 않도록 나무 주걱으로 살살 잘 저어 끓인다. 쌀알이 하얗게 퍼져 새알심이 몽글몽글 떠오른다.

작은설이라고도 부르는 동짓날, 어머님은 직접 농사지은 팥으로 팥죽을 쑤곤 했다. 붉고 윤이 나는 팥알을 골라내어, 아궁이에 불을 지피고 쿨럭쿨럭, 매캐한 연기를 마셔가며 끓여낸 어머님의 팥죽은, 당신의 손으로 소금 간하여 더욱 맛이 있었다. 어머님이 정성 들여 끓여 낸 팥죽은 투박한 사발에 담겨 장독대나 부뚜막, 마루를 거쳐 이방 저 방 윗목에 놓이곤 했다.

어머님은 죽이 끓을 때 따로 받아 둔 팥물로 집안 곳곳에 흩뿌리며 가족의 무탈을 기원하거나 액운을 쫓는 데 쓰셨다. 그리고는 가족들의 죽그릇에 저마다의 나이만큼 새알심을 담아 저녁 밥상에 올려놓으셨다. 불그스름한 팥죽 사이로 하얗게 얼굴을 내미는 새알심을 후후 불어가며 먹다 보면 입안이 아찔하게 뜨거워지기도 하는데, 그럴 때마다 우리는 차가운 동치미 국물로 입안을 식혀 가며 후르릅 맛나게 먹었다. 먹고 남은 팥죽은 차갑게 식혀 두었다가 배고픈 밤 간식으로 먹기도 했다.

매서운 추위가 기승을 부리는 긴 동짓날, 어머님의 정성이 가득 담긴 팥죽은 팥의 영양분뿐 아니라 가족의 마음까지 따뜻하게 녹여 내던 보약이었다. 어머님께 배워 끓여 낸 팥죽은 내 몸 어딘가에 박혀 있다가 불현듯 되살아나는 기억처럼 천천히 되새김질하듯 먹는 동안, 입안엔 그리움의 맛 향기가 가득 퍼진다.

마음의 온도

한 해가 저물어 가는 12월이다. 골목의 모든 사물도 고요 속으로 사라져 간다. 나뭇가지에 매달려 있던 무성한 잎도 본래의 자리로 되돌아가고, 나뭇가지에는 허공이 매달려 있다. 텅 빈 마당에 햇살 한 줌이 힘없이 떨어진다. 햇살을 한입 베어 문 새들이 마당 너머로 힘차게 날아오른다. 어디로 가는 것일까. 새들이 보금자리로 삼았던 감나무 가지 사이로 갈잎 한 장이 바람에 나부낀다.

된서리가 살아있는 생명체를 제 본연의 자리로 돌려보내는 시기. 나는 서둘러 마당 귀퉁이에 선 유자나무의 마지막 열매를 거두어들였다. 매년 하는 작업이지만 유자나무의 날카로운 가시에 찔리면 그 아픔은 말할 수 없다. 손가락에 피가 나면서, 쓰라리고 따가워 한참 동안 지혈해야 한다.

유자나무 가시는 탱자나무 가시보다 길고 굵다. 이 가시에 찔리지 않으려면 두꺼운 장갑을 끼고 유자를 만져야 한다. 긴 장대로 툭툭 유자를 따 마당으로 던져 놓고, 다시 유자 꼭지에 매달린 가지의 끝부분을 떼어 내야 소중한 한 알을 얻을 수 있다. 가시에 찔리지 않도록 조심하면서 유자를 땄지만 올해도 결국 가시에 찔려 피를 흘렸다.

내게 상처를 준 유자나무가 파르르 떤다. 유자나무는 자신의 가시가 사람에게 상처를 줄 수 있다는 사실을 알고 있을까. 사람은 모두 자기중심적인지라 자신과 다른 존재의 아픔을 이해하지 못한다. 그래서 자신도 모르게 타인을 할퀴고 상처를 낸다. 이 혹독한 겨울 마지막 어귀에 이르러 다시 생각해 본다. 나를 비우고 낮추리라. 내 안에 자리한 고집과 아집, 자신도 모르게 종기처럼 자라는 그 가시를 잘라내리라.

유자 열매를 따는 손가락 사이로 찬 바람이 지나간다. 햇살의 따스한 온기가 양지쪽으로 몰려가자, 찔린 손가락

이 더 쓰라리다. 이 아픔을 나는 한동안 감내해야만 하리라. 그러는 사이 내 안의 아픈 감정도 가라앉고 겸허하고 감사한 마음으로 새해를 맞이할 수 있게 되리라.

되돌아보면, 여러 사람과 맺은 인연이 모두 참 소중하다는 생각이 든다. 타인을 향한 창문을 닫고, 골방에 앉아 혼자 추웠던 마음에 온도를 높여야겠다. 나 스스로의 행위를 되돌아보며 먼저 손 내밀어 보아야겠다. 타인에게 가시 같은 말을 던져 상처 입히지 않도록 조심하며, 나의 온기를 나누도록 해야겠다.

물론 쉽지는 않을 것이다. 몸의 온도는 마음의 온도와 다르다. 마음과 다른 말이 튀어나와 혼란의 소용돌이를 경험한 적이 많다. 새해에는 그런 혼란을 더 이상 경험하지 않기를 바란다. 내가 아픈 만큼 타인도 아프리라 생각하며, 상처의 자리에 따스한 온기를 불어넣도록 노력하는 또 다른 한 해가 되기를 소망해 본다.

2부

5월

현충일, 유월의 아픔

푸른 잎사귀마다 윤기가 도는 이른 아침. 현충일 추념식 행사에 참석하고자 녹음이 우거진 춘추공원의 숲길을 오른다. 공원의 숲은 맑고 청아한 산새의 노래로 깨어나고, 바람에 일렁이는 초록 향기는 싱그러운 아침을 준비한다. 서로 부둥켜안은 듯 기대어 서 있는 소나무 잔가지에 내리는 햇살, 춘추공원의 유월은 신록의 향연이 한창이다.

양산 춘추공원의 현충탑까지 오르려면 두 갈래의 길이 있다. 보훈 가족의 염원을 담아 건립된 직선의 계단 길과 숲속으로부터 이어지는 숲길이 있다. 숲길을 따라 천천히 걷다 보면 소나무 아래 오롯이 피어 길섶을 수놓은 마작줄

기꽃이며 갖가지 들꽃에게서 푸릇푸릇 번져가는 초록의 숨소리를 엿듣게 된다. 현충탑으로 가는 길은 숲에서 숲으로 번져가는 수채화 같은 길이다.

아직 이른 시각이지만 추념 식장으로 가는 참배객들로 숲길은 조금씩 소란스럽다. 참배객들은 나이 지긋한 어르신들이 대부분이다. 6.25전쟁으로 인해 사랑하는 혈육을 잃어버린 유가족들과 전장에서 입은 부상으로 인해 평생 고통받는 상이군경들이다. 그들의 모습은 안쓰럽기만 하다. 다리를 절거나, 팔 한쪽이 없는 이들의 모습은 우리 역사의 아픈 흔적이다.

해마다 추념식에 참석하다 보니 낯익은 한 분의 모습이 보인다. 작은 체구에 하얗게 센 머리카락과 주름진 얼굴의 할아버지. 올해도 가슴에 훈장을 주렁주렁 달고서 당당하게 숲길을 달리듯 오르신다. 하얀 한복차림의 등 굽은 할머니도 지팡이에 의지하고 가족들의 보호를 받으며 쉬엄쉬엄 숲길을 오른다. 나무 그늘아래서 자원봉사자들이 건네는 생수 한 병이 참 시원하다.

참배객들과 앞서거니 뒤서거니 현충탑을 향해 걸어간다. 등줄기에 땀이 흐른다. 숲길의 중간쯤에서 나무에 기대 잠시 쉬고 계신 할아버지와 눈이 마주쳤다. 가슴에 단 훈장이 빛난다. 인자한 모습도 여전하시다. 잠깐 눈인사를 한다. 아버지를 닮으셨다는 생각이 언뜻 들었다. 주름진 얼굴에 눈빛이 참 다감하시다. 할아버지를 뵈니 불현듯 잊고 있었던 아버지의 모습이 떠오른다.

아버지는 6.25전쟁에 참전한 참전용사셨다. 위태로운 조국의 부름을 받고 젊음을 기꺼이 던졌던 아버지. 그러나 전쟁이 쓸고 간 아버지의 몸은 총탄 자국으로 얼룩져 있었다. 총알이 관통한 허벅지의 상처는 보기만 해도 흉물스러웠다. 그 총탄의 상처는 오랫동안 아버지를 괴롭혔다.

어린 날의 기억을 떠올리면 아버지의 모습은 흐릿한 풍경으로 되살아난다. 아버지의 머리맡에는 늘 큼지막한 종이상자가 놓여있었다. 그 종이상자에는 몇 개의 훈장과 빛바랜 사진첩이 들어 있었다. 그것이 아버지가 가진 유일한 애장품이었다. 그 애장품은 술을 드신 날이면 가족에게 펼쳐 보여주셨다. 사진첩 속의 아버지는 젊고 멋진 군인 장교셨다. 아버지는 말수가 거의 없으신 편이셨다. 그러나 기분 좋은 술로 거나해지시면 아버지는 전쟁 이야기를 자주 들려주셨다. 총알이 빗발치는 전투에서 목숨을 걸고 싸

윘던, 치열했던 최전방에서의 실화를 증언하시던 아버지의 이야기는 늦은 밤까지 계속되기도 했다.

아버지는 향토예비군이 창설되면서 지역의 예비군 중대장으로 복귀하셨다. 예비군복에 군화를 신고 방위병을 앞세우며 신작로 길을 뚜벅뚜벅 걸어가시던 아버지의 모습은 어린 나의 눈에 씩씩한 군인 아저씨 같았다.

이웃들은 우리 집을 중대장 집이라고 불렀다. 하지만 아버지는 농사일은 서투셨다. 오랜 군 생활을 하셨기 때문인지 밭갈이도, 논갈이도 직접 하지 않고 일꾼에게 맡겼다. 논에 모를 낼 때도 아버지는 못줄을 잡기만 하시고 무논에 발 담그기를 꺼리셨다. 이웃들은 아버지를 어중간한 농사꾼이라며 대놓고 농을 했다. 이웃들의 빈정거림에도 아버지는 빙그레 웃으시기만 하고 그들에게 아무런 말도 하지 않았다. 나중에서야 알았다. 아버지의 발뒤꿈치에도 총알이 스치고 간 흔적이 있었다는 것을….

세월이 흐르면서 아버지의 상처는 점점 곪기 시작했다. 총탄이 제거된 다리의 발이 서서히 썩는 병이었다. 서둘러 치료를 받았으나 아버지는 결국 발목을 절단하고 휠체어에 의지한 채 몇 해를 더 사시다 돌아가셨다.

고단한 삶을 살아온 아버지를 떠올리는 풍경에서 나의 머릿속에 머무는 또렷한 기억이 있다. 유년의 나는 해 질 무렵 마루에 앉아 책 읽기를 좋아했다. 가끔은 오빠들이 빌려둔 만화책에 빠져 시간 가는 줄 몰랐다. 해 질 무렵 마루에 앉아 책을 보고 있으면 아버지는 늘 "애야 석양빛에 책을 읽으면 눈이 나빠져."라고 늘 말씀하셨다. 하지만 나는 마음이 차분해지는 해 질 무렵의 그 시간이 유일한 즐거움이었다. 거의 매일 타이르는 아버지의 조용한 목소리. 하지만 나는 그 잔소리가 듣기 싫어 방으로 들어가 방바닥에 엎드려 사방이 어두컴컴해질 때까지 책을 읽기도 했다. 혹시 아버지가 찾으실까 하여 문틈으로 밖을 내다보면 붉게 물들어 가는 노을 속에 아버지의 뒷모습만 보였다.

후일 그 타이름의 목소리를 귀담아듣지 않은 나는 육 남매 중 혼자만 도수 높은 안경을 끼게 되는 불편을 안게 되었다. 해 질 녘 조용히 나의 잘못된 자세를 타이르시던 아버지의 모습은 진한 그리움과 아픔으로 남아있다.

유월은 아픔이 도지는 계절이다.

숲 그늘을 벗어나자 우뚝 선 현충탑이 참배객을 맞이한다. 유가족과 참배객들은 높은 길을 올라오느라 힘들었는지 땀을 훔치며 그동안의 안부를 묻고 서로 위로의 말을 건넨다. 소나무 향이 진하게 퍼져 간다.

현충탑 아래 봉안각의 문이 열렸다. 양산 춘추공원 현충탑 봉안각에는 769위의 호국영령들이 안장되어 있다. 현충일 아침이면 굳게 닫혀있던 이 문이 열리고 유가족의 슬픈 상봉이 시작된다. 나라와 겨레를 위해 목숨 바친 애국선열과 전몰장병들이 잠든 봉안각은 고요한 적막감이 흐른다. 소복을 입은 미망인 할머니는 그리운 이의 이름을 부르며 소리 죽여 흐느낀다. 삶에 지친 할머니의 서러운 눈물은 강이 되어 봉안각을 적신다.

동족상잔의 비극인 6.25전쟁이 일어난 유월은 잔인한 달이다. 나라의 부름을 받고 살아서 꼭 돌아오리라 떠난 사랑하는 이들은 끝내 돌아오지 못한 채 산화되어 이 강산에 흩뿌려졌다. 생사를 알 수 없는 국군포로, 침상에서 전쟁의 상처를 안고 살아가는 상이용사들의 삶은 아직도 아물지 않은 아픔이다.

10시 정각. 사이렌 소리가 울리고, 경건한 마음으로 호국영령과 순국선열에 대한 묵념을 올린다. 가족의 품으로 돌아오지 못한 채 전장에서 사라진 젊은 영혼들의 울부짖음이 가슴을 후비는 것 같다. 조총수는 여러 발의 조포를 푸른 유월의 하늘을 향해 쏘아 올린다. 잠시 산새의 지저 귐도 없는 정적만이 추념 식장을 휘감고 돈다.

추념식 제단에는 하얀 국화꽃이 가지런히 놓이고, 고 귀한 희생으로 지켜낸 이들의 영혼을 위로하는 추념사는 참석한 모두의 가슴을 조용히 어루만진다. 사랑하는 이 를 떠나보내고 생사조차 알 수 없어 그리움으로 멍든 유 가족을 위로하고자 나는 떨리는 마음으로 그리움의 헌시 를 바친다.

푸르른 녹음이 뒤덮인 산하가 젊은이의 핏자국으로 얼 룩져 상처와 아픔으로 가득했던 그해의 유월, 고귀한 젊음 을 조국에 바치고 장렬히 산화하며 포연 속에 잠들어야 했 던 아름다운 당신들의 숭고한 희생을 결코 잊지 않으며, 이렇게 꽃이 흐드러지게 피어나고 바람이 따스한 온기를 품은 날, 불꽃 같은 젊음을 바쳐 지켜낸 이 평화의 뜰에 모 여 우린 늘 당신들의 고귀한 이름을 부르며 오래도록 당신 들을 기억하며 항상 그리워할 것이라고….

깊은 슬픔이여

봄이 지고 있다.

연분홍 꽃잎을 흩날리며 매화가 진다.

봄날은 참으로 짧기만 하다. 온통 설렘으로 시작된 봄이건만 그리움의 씨앗이 잉태되자마자 오래 머물지도 않고 금세 흘러가 버린다.

엄마를 뵈러 가는 날 꽃잎은 지고, 산등성 요양원은 고요하기만 하다. 이렇게 꽃 피고 지는 아름다운 봄날에, 가족과 떨어져 육신의 고통으로 인해 하루하루 시들어 가는 엄마를 생각하니 가슴이 젖어온다.

지난가을부터 엄마는 건강이 나빠져 혼자의 힘으로는

움직일 수 없는 상태가 되어버렸다. 몇 번의 수술은 결국에는 더 큰 후유증만 남겼다. 엄마는 병원을 거쳐 재활 치료가 가능한 요양원에 모시게 되었다. 척추가 내려앉아 자신의 힘으로는 아무것도 할 수 없는 엄마를 뵐 때마다 눈물이 앞선다.

엄마의 몸은 점점 작아져 간다. 쇠락해 버린 모습으로 반겨주는 미소는 시린 아픔이다. 엄마의 소원은 어서어서 집으로 가고 싶다. 두 다리로 걸어서 훌훌 털고 집으로 가 마음껏 다니고 싶다는 것이 간절한 소망이다. 엄마의 남은 생은 혼자의 힘으로는 도저히 일어설 수 없는 조각난 육신을 부여안고, 그렇게 생의 끝까지 가야만 한다.

베개처럼 작아진 엄마의 웅크린 몸을 안아 본다. 가슴이 먹먹해진다. 난 엄마의 가슴에 생채기만 남긴 못난 자식이라는 절절함에 형언할 수 없는 아픔이 차오른다.

링거나 휠체어에 의지한 채 혼자 잠들고 혼자 눈뜨는 엄마는 새벽이면 얼마나 외롭고 쓸쓸할까. 세상의 온갖 풍상을 견디고 이제 마음 편히 쉴 수 있으리라 믿었건만…. 얼굴을 닦아드리고, 가지고 간 딸기맛 나는 떠먹는 요거트를 드렸다. 엄마가 평소에 좋아하셨던 간식이다. 그러나 몇

번을 받아 드시고는 앉아있기가 몹시 힘들다며 돌아누우
신다.

봄 햇살은 나약하고 노쇠한 엄마의 잔 숨결을 감싸고,
굽은 등은 깊은 슬픔으로 내려앉는다. 병동에 퍼지는 잔기
침 소리, 가습기에서 품어져 나오는 소리, 한꺼번에 몰아
쉬는 숨소리는 노인 병동의 침상에 붙은 무표정한 그들의
사진 속으로 스며든다. 재활의 목적으로 가족과 떨어져 사
는 노인들의 어쩔 수 없는 현실이 가혹하다. 자식들은 현
실의 틈바구니에서 먹고사느라 어찌할 수 없다는 명분으
로 직접 돌보지 못함을 안쓰럽게 말하고 그러한 자식을 바
라보는 노인들의 동공에는 불안감이 스친다.

노령화 사회로 가면서 사회 구조는 점차 변해져 가고,
나중에는 스스로 노인 집단생활을 정당하게 받아들이는
참담한 현실이 도래할 것만 같다. 이미 우리는 서러운 현
실로의 지름길을 벌써 찾아가고 있는지 모른다.

혼자서는 서 있을 수도, 앉을 수도 없는 엄마의 앙상한
다리를 보듬고 나는 다시금 건강을 허락해 달라고 빌었다.

이제 얼마 남지 않은 여생, 한 번이라도 저 침상에서 일
어나 두 다리로 걸어서 엄마가 소망하는 집으로 돌아가면

얼마나 좋을까.

저만치 엄마의 세월이 흘러간다.

수없이 많은 시간 속으로 기쁨과 슬픔이 교행하고 허기진 삶의 언덕을 오르내리던, 그 모든 것을 엄마는 이제 가만히 내려놓겠지. 엄마의 얼굴에서 차마 다 하지 못한 긴 이야기가 깊은 슬픔으로 흐른다. 잠든 엄마의 가슴에 이불을 여며주고 요양원의 문을 나서는데 봄바람에 꽃잎이 진다.

꽃 피는 봄날 같은 인생은 아닐지라도 아직 살아계셔서 내 이름을 불러 줄 수 있는 엄마가 있다는 것만으로도 나는 행복하다.

어머님 그리고 어머님

매서운 추위가 언제였는지 코끝으로 훈풍이 간질거린다. 봄은 황홀한 자태로 마당을 채운다. 산수유나무, 목련, 매화가 봄의 향연을 이어간다. 이 향기롭고 아름다운 봄 마당에 서면 꽃길 찾아 떠나는 이들의 봄나들이가 부럽지 않다.

봄볕 속으로 어머님의 남새밭에도 뭔가 푸릇한 기운이 돋아난다. 아직 씨앗도 뿌리지 않은 밭에 봄바람이 먼저 스쳤나 보다. 이렇게 봄빛 가득한 남새밭을 두고 어머님은 지난해 겨울 쓸쓸히 먼 길을 떠나셨다.

어머님이 위독하다는 병원 전화를 받고 새벽길을 달렸

으나 결국 중도에서 임종을 듣고 말았다. 지난밤 혼절하듯 아픔 속에 잠든 모습이 마지막이 될 줄은 아무도 몰랐다. 장례를 치르는 내내 가족들은 회한의 눈물로 가슴 치며 서러워했다. 그렇게 어머님을 떠나보내는 며칠 동안은 봄처럼 따뜻했다.

시어머니와 며느리의 인연으로 만난 지 30년의 세월이 흘렀다. 어머님은 평생을 집을 떠나지 않으셨다. 일 년에 한두 번은 먼 곳에 있는 절에 다녀오실 뿐 자녀들의 집에 잠시도 머물지 않으셨다. 숱한 갈등을 주셨고 눈물도 주셨지만 사랑도 주셨다. 고부간의 사정은 안방에서 들으면 시어머니 말씀이 맞고, 부엌에서 들으면 며느리 말이 맞다고 했던가.

어머님은 성격이 활달하셔서 속에 담지 않고 털어내시는 분이셨다. 그런 어머님의 눈에 늘 우물거리고 어정쩡한 며느리가 얼마나 답답해 보였을까. 생각해보니 나보다 어머님이 더 속상했을 것 같다. 매사에 빈틈이 없고 부지런하셔서 난 그야말로 어머님이 벗어 둔 신발 근처도 가지 못할 만큼 게을렀다.

어머님은 한글은 서툴렀지만 남다른 셈법을 갖고 계셨

다. 주고받음이 정확하셨고 냉정하셨다. "돈은 버는 자랑도 말고 쓰는 자랑도 하지 마라."는 것이 어머님의 철학이셨다. 그 셈은 어머님이 가꾼 푸성귀로부터 시작되었다. 어머님의 밭에는 늘 푸성귀가 넘쳐났다. 그 푸성귀 값은 육 남매의 자잘한 경비로 충당하며 몇 푼 안 되는 푸성귀 값도 모으면 큰돈이 되는 이치를 늘 꿰고 계셨다.

직장에서 퇴근해 돌아오면 벌써 마루 한가득 열무며 부추가 수북이 쌓여있었다. 어머님을 기억하는 일 중에서 부추 다듬는 일이 제일 싫었다. 직장 일로 피곤해서 쉬고 싶었지만 거들지 않고는 내일 장에 내다 팔 수도 없으니 입술을 삐죽이며 마주 앉아 부추를 손질했다. 한 단 한 단 부추는 쌓여가고 밤은 깊어갔다. 어머님도 졸며 윗동네 이 서방네, 아랫동네 박 서방네 살림살이 이야기를 풀어냈다. 나는 반은 듣고 반은 졸아서 뭔 이야긴지 잊었다. 다음 날 장에서 돌아온 어머님은 어김없이 푸성귀 값의 절반을 던져 주곤 논으로 들로 바삐 나가셨다.

그렇게 단단했던 어머님의 삶에 시련이 닥쳐왔다.

위암 말기의 고통도 견딜 수 없지만, 비뇨 기능이 어머님을 괴롭혔다. 잘 먹고 잘 싸야 하는데, 그 기능이 점점 마비되고 있었다. 고통 속에 힘들어하는 어머님의 치료 방법을 찾던 중 가까운 벗으로부터 환자 다루는 방법을 익혔다. 하지만 문제는 있었다. 아무리 허물없이 지낸다고 하지만 엄연히 시어머니와 며느리 관계이다 보니 시어머니의 몸을 만지고 다뤄야 하는 것이 나로서는 난감할 수밖에 없었다. 그래서 생각한 것은 가족이 아닌 환자를 돕는 간호사 자세가 되자고 마음먹었다. 마스크를 착용하고 비닐장갑을 끼고 최대한 어머님의 심기를 건드리지 않으며 몸속에 남은 잔뇨를 받아내고 잔변을 긁어냈다. 조금이라도 남아있는 것 같으면 왠지 내 속이 불편했다. 가끔은 힘이 들기도 했다. 그래도 일을 치르고 잠든 어머님을 보면 뭔가 대단한 일을 한 듯 으쓱해지기도 했다. 하지만 어머님의 병세는 점점 깊어졌고 마약성 패치의 강도를 더 이상 올릴 수 없는 지경에 이르고 말았다.

이별의 순간이 다가옴을 느꼈을까. 어머님은 겹겹이 싸둔 보자기를 나에게 쥐여주었다. 그 보자기에는 흙내 묻은 어머님의 반지가 싸여 있었다. "이 반지는 내가 오야(계) 할 때 장만한 거라며…." 중얼거리듯 말을 잇는 어머님의 눈빛이 젖어 있었다. 나는 그 눈빛을 흐릿한 시야로 마주

보았다. 어머님은 이 반지를 끼고 읍내도 가고 밭도 매며, 반짝이는 금빛으로 고된 허리를 펴기도 했을까. 세월의 흔적이 남은 반지에서 푸릇한 흙내가 물씬거린다.

어머님과 고부 관계로 만나 보낸 세월이 순탄하지는 않았다. 그러나 바람막이가 되어 주었고 흔들리지 않는 든든한 뿌리가 되어 주었다. 나의 허물을 눈감아 준 적도 있지만 때로는 모질게 야단도 치셨다. 긴 세월 동안 허물지 않고 인연을 엮어 온 것은 어머님만의 사랑법이었다. 하지만 다시는 돌아올 수 없는 먼 길을 떠나셨으니 이제는 가슴으로만 그 사랑법을 희미하게나마 느낄 수밖에….

유품을 정리한 어머님의 빈방이 차갑다. 새벽이면 방 가운데 정돈하고 앉아 반야심경을 외시던 그 방이 차갑다. 그리운 마음을 말로는 다 하지 못해 글로 그린다.

'어머님 그리고 어머님….'

어머님의 남새밭을 봄비가 적셔주고 있다. 저기 저쯤 내 눈물도 한 방울씩 떨어지고 있다. 그리고 서서히 스며들고 있으리라.

마당가에 핀 꽃잎이 다 지겠다. 꽃잎이 다 지… 겠… 다….

풍로風爐 속으로

이 주사 댁을 방문한 날은 가을 장맛비가 추적추적 내리는 오후였다. 그동안 눈여겨보아 두었던 나무풍로風爐를 가져가도 된다는 허락을 받고, 이 주사 댁을 방문하게 되었다. 주인이 거주하지 않는 고택古宅은 흉가처럼 방치되어 있었다. 집안에 흐르는 괴괴한 바람이 목덜미로 스멀거리며 기어오르는 것 같아 움찔했다.

헛간에는 머슴들의 손때 묻은 풍로가 다른 농기구와 함께 매캐한 흙내에 묻혀 있었다. 비스듬히 기울어져가는 사랑채에는 빛바랜 누런 고서 몇 점이 눅눅하고 묵은 냄새로 주인 없는 방 안을 지키고 있었다.

몇 년 전 남편은 비옥했던 들판이 양산 신도시 개발 확정으로 토지 수용되고, 더 이상 곡식을 심고 수확을 할 수 없는 현실의 안타까움과 자신이 태어나고 자란 마을에 대한 애향심으로 옛 마을의 변천사를 기록으로 남겨두고 싶어 했다. 그때 난 도와준답시고 원고 뒷정리를 거들면서 석산마을의 내력을 접할 수 있게 되었다.

양산시청의 남서쪽에 자리하는 석산마을은 35번 국도가 양산과 구포를 연결하고 있는 지역이며, 옛 지명은 메기가 하품하며 노니는 메기들이었다. 저습한 지역으로 농사짓기에는 아주 형편없는 갈대밭이라 폭우가 쏟아지면 낙동강 상류의 물이 불어나면서 홍수로 인해 거의 수확을 할 수 없었다. 농민들의 생활은 늘 가난의 굴레를 벗어날 수 없는 비천한 삶이었다. 이러한 안타까운 사정이 알려져 1922년 3월 양산수리조합이 창설되었고 1923~26년에 걸쳐 1차 양산천 개수공사가 완공되었다. 이후 곡식을 심을 수 있는 경작지로의 면모를 갖출 수 있게 되었다. 하지만, 당시 마을 뒷산에서 석산 들판으로 흘러 들어가는 물을 우회시키는 승수로(둑)는 개설되지 않았다. 경작지로 개간되기는 하였으나 수리 안전답에는 미치지 못하는 불안전한 경작지로 남아있었다. 그러나 1934~36년 3여 년의 2차 양산천 개수공사가 이루어지면서 오랜 세월 동안 저습지로 남아있었던 개펄은 유기질이 풍부하여 별도의 퇴비를 하지 않아도 풍작을 거두는 기름진 옥토로 변하였다.

이렇게 개간된 경작지는 소수 유지들의 몫으로 돌아갔으며, 일반 농민들은 겨우 소작을 할 수 있는 형편이 되어 다소나마 생활은 나아졌다. 당시 개간된 석산 들판의 경작지 대부분을 소유하고 있던 이 주사는 (일제 시 주사 별정직을 받음) 그야말로 천석꾼을 능가하는 재력가였다. 한해 농사로 거두어들이는 곡식은 엄청났으며 이 주사의 창고는 늘 농작물로 넘쳐 났었다. 농기구는 머슴들의 손으로 항상 반질거렸고, 헛간에는 일반 농사꾼은 가져 보지 못하는 농기구며 연장들로 가득했다.

이 주사는 고을 최고의 유지였기에 소작인들은 감히 얼굴을 직접 대면하기도 어려운 인물이었다. 하지만 그의 인품이 나쁘지 않았다. 지주와 농민은 갈등이 없었다. 그는 수해와 흉작이 있을 때면 곳간의 곡식을 풀어 농민들을 위로하고, 조세를 내지 못하면 세금을 대납해 주기도 하여 칭송을 받았다. 이에 마을 주민들은 뜻을 모아 "영세불망비永世不忘碑"를 세우기도 하였다. 석산 월리마을 입구에 이 비석이 현존하고 있다.

그러나 비옥했던 석산마을의 농토는 1994년 택지개발 예정지구로 지정되면서 신도시의 주택지로 바뀌게 되었다. 지금까지 농사를 짓고 살아온 주민들은 전통의 농촌 생활에서 벗어나 새로운 환경의 문화를 형성하기 시작하였다.

천석꾼으로 부러울 것 없던 이 주사 댁에도 많은 변화의 소용돌이가 있었다. 차츰차츰 가세가 기울면서 자손들은 뚜렷한 직업도 없이 농토를 처분하여 명맥을 유지하고 있다. 위풍당당했던 고택古宅을 양산시 문화재로 등록하자고 서둘렀으나 그나마도 흐지부지되었다. 보수를 한다고 했지만 기와지붕은 천막으로 겨우 비바람을 피할 정도이다. 남은 자손들도 말 못 할 사연이 있는지 집안을 거의 돌보지 않아 넓은 정원은 웃자란 풀밭으로 엉켜 버렸고, 집안은 괴괴한 적막만이 감돌고 있다.

막상 주인의 허락으로 대문을 따고 헛간에서 풍로風爐를 꺼내지만, 마음은 편치 않았다. 그러나 풍로에 엉킨 흙

먼지와 거미줄을 털어내면서, 넓은 들판에서 거둔 곡식을 머슴들의 힘찬 어깻죽지 힘으로 바람을 일으켜 탈곡하고 창고를 그득히 채우며 살았을, 이 주사 댁의 고방庫房이 당당하게 느껴졌다. 이 주사 댁의 부잣집 풍로를 얻어왔지만, 아직은 딱히 쓸 데가 없다. 옛것이 사라져가는 것이 안타까워 얻어온 것인데, 언젠가 마당 한쪽에 황토방이라도 지으면 거기 두고 옛일을 추억하며 살고 싶다.

풍로의 묵은 먼지를 닦다가 손잡이를 돌려 천천히 바람을 일으켜 보았다. 맑은 가을 햇살 아래 산더미처럼 쌓인 볏단을 털어 풍로 바람으로 낟알을 가려내고, 쭉정이를 날려 보내며 순박하게 살다간 옛 일꾼들의 숨결이 느껴진다. 삼처사첩三妻四妾을 거느리고 풍요롭게 살다 간 천석꾼 부자의 삶이 풍로 바람 속에서 흩어져 간다.

하늘, 그리고 위안

하늘을 올려다볼 수 있다는 것은 참으로 다행한 일이다. 그만큼 자신을 바라볼 수 있는 자기 성찰의 기회를 가질 수 있기 때문이다. 그러나 하늘만큼 변덕스러운 것도 없다. 맑고 청명한 오월의 하늘이면 더없이 좋으련만 하늘은 우리네 일상처럼 흐린 날과 맑은 날이 반복된다.

얼마 전, 남편을 따라 해운대 일출을 촬영하기 위해 새벽에 집을 나섰다. 밖은 아직 어두컴컴하여 여명 속에서 해가 떠오르기만 기다렸다. 부지런한 이들은 누리마루 주변을 돌며 벌써 새벽 운동을 하고 있었다. 바닷가 절벽 아래까지 잘 다듬어진 나무계단과 쉼터가 마련되어 있어 해

운대의 경관을 보고 즐기기에는 참으로 좋은 시설을 갖추고 있었다. 남편은 일출의 장관을 영상에 담기 위해 소나무 숲으로 들어가 카메라를 장착하고, 점점 밝아오는 바다 위로는 배 한 척이 물살을 가르며 지나간다.

이윽고 바다 주변의 하늘이 서서히 붉은 빛으로 변하며 해는 바닷속에서 올라오기 시작했다. 바다를 물들이는 색과 하늘을 물들이는 영롱한 햇살의 빛은 소원을 기원하는 사람들의 간절함으로 시작되고, 하늘 향해 두 손을 가지런히 모은 이들은 새벽하늘의 신비로움을 더한다. 아침의 찬란한 일출이 희망의 돛을 올리고 작열하는 한낮의 태양은 바쁜 일상의 순간을 함께한다. 그러나 햇살이 잦아드는 저녁이 되면 기원으로 떠올랐던 해는 다시 황홀한 일몰의 그림자를 드리우고 하늘에서 내려와 닻을 내려놓을 것이다. 밤이 되면 장막 같은 하늘은 달과 별을 조각배처럼 띄운다.

하늘이 주는 변화는 사계절의 아름다움으로 남는다. 청명한 봄 하늘, 그리고 여름날의 빗줄기는 사람들의 감성으로 들어가 시를 노래하는 이들에게 즐거움을 안겨준다. 시리도록 파란 가을 하늘 아래에서는 정다운 연인의 밀어가

농익어가고, 삭풍에 어지러이 낙엽이 뒹굴어 저편으로 밀려가면 하늘에서 첫눈이 찾아온다. 첫눈은 첫사랑을 이루고자 여름에 정성 들여 물들인 봉숭아 꽃물이 빠졌나 들여다보기도 한다. 저녁 어스름 무렵 함박눈이라도 펑펑 쏟아지면 하늘과 땅끝이 보이지 않는 하얀 눈꽃 길을 무작정 걸어가고 싶어진다.

굴곡이 심한 산행길에서 벗어나 넓은 평원에서 올려다보는 하늘은 어쩜 그리도 평화로운지. 그러나 질곡의 늪에서 허우적거리며 걸어온 길에서 올려다본 하늘은 파란만장의 인생길 같다. 한평생 근심과 걱정 없는 이가 몇이나 되랴마는 누구나 정도의 차이일 뿐 들여다보면 사는 동안 희로애락에 묻혀 있기 마련이다. 삶에 으르렁거리고 이빨로 맞서 싸워도 결국은 다 마찬가지다. 돈이 있어도 지위가 높아도 승승장구하는 기세는 한 시절이며, 단 한 번의 실추에도 육신의 고통과 회한은 비참하기 비할 데 없다.

생활에 쫓겨 여유롭게 올려다보지 못한 하늘, 거울같이 마주하고 싶다. 어릴 때 보았던 하늘은 참으로 맑고도 높아 보였다. 들판 큰 바위에서 소꿉놀이 판을 벌여 재미있게 놀던 하늘엔 뭉게구름이 흘러가고 풀각시 담은 사금파리에도 하늘이 보였다. 가을 들녘에 고개 숙인 곡식의 무게만큼 마음이 풍요롭다. 해가 서산으로 내려와 하늘이 주홍빛으로 물들 즈음, 소 떼를 모는 아이들의 외침으로 살림살이 놀이를 접는다. 둘도 없는 동무의 손을 잡고 돌아오는 어둑한 하늘에는 서둘러 나온 별 하나 얼굴을 내밀고, 종종걸음으로 내딛는 발걸음에 고무신은 자꾸만 미끄러지고, 하늘은 서서히 어둠이 내린다.

변화무쌍한 하늘처럼 온갖 풍상이 인생이려니 하고, 마음의 빈터에 위안을 감싸고 하늘을 우러러 감사의 기도문을 외우다 보니 이렇게 나이 먹어 가는 것을 깨우친다.

채움

바람이 쉬어간다.

뒤뜰 담장의 댓잎을 일렁이게 했던 바람이 잠시 쉬어간다. 눅눅했던 장마도 잠시 물러가고 여름 햇살이 마당 가득 펼쳐진다. 평소 바쁘다는 핑계로 미루어 두었던 집 안팎의 자잘한 일을 장마가 물러난 지금 해두어야 할 것 같다.

밭에서 거둬들인 붉은 양대콩은 바짝 말리고, 양파 마늘도 물기를 말려 서늘한 지하실 창고에 저장하면 된다. 그동안 장맛비로 마당은 잔디보다 풀이 더 웃자랐다. 앵두나무 잎도 밤사이 더 무성해졌다.

그리 넓지 않은 장독대에 여름 햇살이 뜨겁다. 큰 대야에 물을 떠다가 댓잎과 흙먼지로 얼룩진 항아리를 정성스레 씻었다. 깨끗해진 항아리에서 깊은 숨소리를 듣는다. 제각각의 쓰임새가 있는 작은 항아리는 씻어서 엎어두고 햇볕을 쬐어야 하는 장독은 망을 씌워둔다. 소금이 가득 들어있는 소금 항아리나 된장, 고추장, 간장독은 조심히 다루어야만 한다. 행여 물이 장독 안으로 들어가면 어머님의 불호령이 떨어질 것 같아 신경이 쓰인다.

어머님의 큰 살림살이인 장독을 깨뜨릴까 조심조심 쓸고 닦다 보니 금세 온몸이 땀에 젖어버렸다. 작은 옹기그릇들에는 콩잎, 깻잎이 짜게 절여져 곰삭고 있다. 큰 항아리 속을 들여다보니 쌈지처럼 묶여 있는 주머니가 가득하다. 고만고만한 보따리에는 참깨, 상추씨, 배추씨, 열무씨, 팥, 콩 그리고 말라비틀어진 황태도 한 마리 들어 있다. 항아리 속이 흡사 보물 창고 같다.

얼마 전 문학회 모임에서 늘 글 창고를 그득히 채워 둔다는 시인을 만났다. 함께 자리한 선배 시인의 이야기에 의하면, 그녀는 여러 곳에서 한꺼번에 원고 청탁이 와도 거절하지 않고 잘 간직하고 있던 작품을 마치 저축해둔 통장에서 꺼내주듯 흔쾌히 찾아서 내어 준다며 칭찬을 아끼지 않았다. 원고 청탁을 받고 작품을 내어 준 다음에는 부지런히 새로운 작품을 완성하여 곧바로 글 창고를 채워 둔다고 한다.

비어 버린 잔고를 채움같이 글을 저축하는 시인의 끊임없는 창작 정신이 신선한 호기심을 불러일으켰다. 글 한 편 쓰려고 끙끙대는 나의 아둔함과는 먼 이야기라 순간 얼굴이 화끈거렸다. 깊은 사색의 여유도 없이 일상의 쳇바퀴만 돌리는 안일한 생활에서 벗어나지 못하다 보니, 나의 글 창고는 언제부터인가 차츰 비어져 가고 있다. 글을 쓴다면서 채우지도 못하고 그렇다고 비우지도 못하는 어리석음과 함께 마음의 여유마저 없다.

누구나 자신의 삶에 무엇인가를 늘 보태고 싶어 한다. 물질 혹은 정신적 위안 그리고 자신만의 감명의 삶을 영위하고자 한다. 자신의 삶에 보태고 채워질 물질과 감명이 있다면 그만큼 자신은 부지런하였으며, 자기에게 주어진 그 무엇인가를 위해 밤낮으로 노력하였음을 의미한다. 농부는 부지런하여 봄볕에 씨를 뿌리고 가을이면 겸허히 알곡을 거두어 곳간에 쌓아둠으로써 행복을 맛보게 된다. 수

고하여 채워지는 즐거움은 자유와 풍요를 함께 가져다준다. 새로운 창조는 끊임없는 노력으로 얻어지는 것이며 그 대가는 자신의 인생을 채워가는 삶의 보람이 될 수 있다.

글 창고를 늘 채워 두는 시인의 부지런함에서 오는 열정 가득한 창작 정신과, 봄에 파종할 씨앗을 장독 속에 충분히 저장하고 준비하는 어머님의 자세는 채움의 기쁨을 알기에 한껏 넉넉하고 여유롭다.

나는 글 창고에 몇 편의 글을 저장해두었을까? 빈집 같은 글 창고를 들여다보니 생명 없는 쭉정이 글들뿐이다. 오랫동안 글 밭에 제대로 된 농사를 짓지 않았으니 글 창고가 비어 있음은 당연한 일이다.

이제 황폐한 나의 글 밭을 새롭게 일구어야겠다. 온갖 잡다한 언어를 뽑아버리고 사치와 허영의 글을 골라내는 작업을 시작하여야겠다. 그동안 메말랐던 글 밭에 다시 아름다운 언어의 씨앗을 뿌리고 싹을 틔우며, 튼실한 열매를 가꾸는 새로운 체험과 감동의 설렘을 시작해야겠다. 햇살이 씨앗을 깊숙이 뿌리 내리게 하듯, 사색의 깊고 깊은 숨쉬기를 하며 따사로운 햇살 아래 새로운 생명의 언어가 탄생되기를 간절히 기원하여 본다.

이윽고 긴 사색의 시간이 흐르고, 수확의 절기가 오면 아름다운 언어의 열매를 가득 쌓아두어 좋은 글, 좋은 말 전하는 이들과 함께 채움의 풍요를 이야기하며 기쁨과 즐거움의 넉넉함을 오랫동안 나누어야겠다.

　잠잠하던 댓잎에 바람에 일렁인다. 햇살은 구름 속에서 숨었다가 다시 나온다. 몇 해 묵혀두었던 항아리의 간장을 새 항아리에 옮겨 담는다. 장독이 깊은숨을 몰아쉰다. 빈 항아리에는 물을 가득 채우고 짠 간장의 냄새를 우린다. 뜨거운 여름 햇살은 말갛게 씻어둔 윤기 나는 항아리에서 한층 더 반짝인다.

오래된 문

가을이 시작될 무렵 이웃의 고택에서 나온 오래된 문짝들을 얻었다. 고택이 헐린다는 소문은 얼마 전부터 들어서 알고 있었지만 이렇게 많은 문짝을 얻고 보니 묘한 기분이 들었다. 얼마 전 그 집을 지나다 본 풍경은 참담해 보였다.

주인은 오래전부터 집을 떠나 다른 곳에 살고 있다고 하였다. 주인 없는 빈 고택은 뜰과 안채, 사랑채의 구분도 없이 막무가내 잡풀만 무성히 자라 뒤엉켜 있었다. 이곳이 정말 천석꾼이 살았던 집일까, 이 마당에도 이름 모를 아름다운 꽃들은 피고 졌을까, 하는 의문이 들 정도로 낡아서 성한 구석이 없어 보였다. 겨우 천막으로 가리고 온통 비바람이 드나드는 집은 낮에도 괴괴함이 서렸다. 이미 고택의 안채는 운명이 예정된 것처럼 기와와 서까래가 금방이라도 무너져버릴 것만 같았다.

사랑채를 떠받치고 있는 붉은 기둥은 세월의 비바람을 견딘 자취가 역력했다. 툇마루에는 먼지가 켜켜이 쌓여 세월의 흔적이 깔려 있었다. 굳게 닫힌 방문의 문고리를 잡으면 방 안에서 금방이라도 "그 누구요." 하는 주인의 호령이 들리는 것 같은 착각에 사로잡히기도 했다.

신도시로 변모해 가는 마을에 유일하게 남은 고택. 문화재로 등록한다는 소문이 나돌던 한옥이라 다들 부러워하던 고택이다. 그런데 이젠 헐릴 수밖에 없는 기막힌 처지가 되었다니 안타까울 뿐이다.

어떻게 된 영문인지 모르지만 대대로 살아온 가옥의 문짝들을 남김없이 우리에게 준 집주인의 사정을 생각하니 마음이 편치 않다. 당장 오늘부터 헐벗은 채 덩그러니 지붕만 이고 버틸 고택의 운명이 안쓰럽다.

용달차에 실려 온 문짝들은 지하실에 자리를 잡았다. 곱게 바른 창호지라 색깔만 누렇게 퇴색되었을 뿐 문들은 틀어짐도 없이 완벽한 형태를 유지하고 있었다. 다만 조금

아쉬운 것은 붉은 색칠을 한 몇 개의 문들이다. 아마 비바람에 낡아 보기가 흉해 붉은 색칠을 한 것 같다. 집주인은 왜 우리에게 이 문들을 주려고 했을까. 개인적인 친분도 있지만 아마도 우리가 그들의 집을 가장 오랫동안 기억해 줄 것 같아 맡기지 않았을까. 주인의 속 깊은 사정이야 알 수 없지만 그들의 오랜 생활 속에 함께한 물건을 소중하게 다루어야 함이 당연하다.

본래 문의 역할은 공간을 연결하는 것이다. 그리고 출입의 통로를 열어주는 소통의 역할도 한다. 한옥의 문은 채광과 통풍의 기능이 좋다. 방문을 열어 두면 너른 대청마루와 공간을 함께한다. 방문을 사이에 두고 다채롭게 활용할 수 있는 것 또한 한옥 문이 가지는 독특한 멋이라 할 수 있다.

한옥의 방문은 은근한 멋이 있다. 방문을 열면 방 안에는 늘 따사로운 온기가 전해진다. 추운 겨울 문풍지가 파르르 떨리지만 따뜻한 아랫목에 누워 문살에 퍼지는 햇살을 보면 행복해진다. 문살의 깊이를 타고 들어온 은은한 한지 문의 은근함은 우리 정서에 진하게 배어 있다.

한옥의 방문은 친근한 멋이 있다. 어릴 적 손가락에 침을 묻혀 창호지에 구멍을 뚫어 마당을 엿보던 두근거림의 기억이 있다. 농가에서는 가을걷이가 거의 마무리되면 겨울 채비를 서두른다. 여름내 숭숭 뚫린 한지 문은 물을 묻혀 뜯어내고, 문틈에 낀 먼지는 몽땅해진 빗자루로 털어낸다. 풀을 쑨 큰 대야를 마루에 올려놓고 새로 사둔 문종이에 풀을 바른다. 식구들은 서로 맞잡으며 문종이가 찢어지지 않도록 정성을 다해 문틀에 붙인다. 갓 풀 먹은 문종이를 햇볕에 잠시 기대 두면 신기하게도 팽팽하게 당겨져 있다. 햇볕에 말린 문들을 다시 제자리에 걸어두면 방 안은 환하게 밝아진다. 깨끗해진 방문이 좋아 연신 문지방을 들락거리는 그 하루는 참 기분 좋은 날이다.

한옥의 문은 은밀한 멋이 있다. 혼례를 올리는 날 곱게 단장한 신부를 먼저 보려고 신부가 있는 방문 앞을 서성이다 들키지 않게 문종이를 지그시 누르고는 방 안을 엿보기도 한다. 정작 혼례를 치른 밤에는 새신랑 신부가 궁금해 짓궂은 몇 개의 구멍이 더 생겨 버린다. 방 안의 불빛이 꺼지고 휘영청 밝은 달빛이 그림자를 띄우면 한지 방문은 은밀한 이야기로 물들어 간다.

가져온 문들을 가만히 세어 보니 거의 방문이다. 안채의 문살보다 사랑채 문살이 더 견고하다. 창으로 쓰인 작은 문들도 몇 개나 된다. 문살의 방향이 다르고 문양이 각각 달라 전통 문의 단아한 기품을 느끼게 한다. 지하실이 조금 넓기는 하지만 이 문들을 오래도록 그냥 둘 수는 없을 것 같다. 제각각의 쓰임새를 찾아 새롭게 복원시켜볼 생각이다.

방문에서 오래된 향이 묻어난다. 누렇게 변한 한지에서 나는 향일까, 아니면 방문 앞에 서서 오래전 잊었던 정경을 떠올렸기 때문인가. 해묵은 향이 지하실에 연기처럼 퍼진다.

가을 햇살이 짧아졌는지 지하실이 어둑해진다. 알 수 없는 향내도 어둠으로 스며든다. 지하실 철문을 내리고 나오려니 왠지 불안하기만 하다. 천석꾼 집 문짝들을 억지로 어두컴컴한 곳에 가두었기 때문일까. 무거운 마음으로 지하실을 빠져나온다. 주위는 벌써 어둠이 깔리고 있었다.

차마 버리지 못하는 것들

옆집 사는 새댁이 몇 해를 시어머니 모시고 잘 살더니 분가를 한단다. 참하게 생긴 새댁과는 눈인사 할 정도로만 친하다. 이삿짐을 나르는 새댁 얼굴은 오늘따라 더 화사해 보이는데 칭얼대는 손녀를 업고 선 할머니의 얼굴은 서운함이 서렸다. 자식을 떠나보냄이 못내 아쉬운가 보다. 할머니는 이삿짐을 실은 차가 좁은 골목을 다 벗어날 때까지 대문에 서서 한참 동안 서성이신다. 그러고 보니 이삿짐 꾸려 본 지가 아득하다.

오래전 본가로 들어와 살다 보니 이사는 생각도 않고 살았다. 묵은 살림살이를 이리 밀고 저리 밀며 이십여 년을

홀쩍 넘게 이 집에서 살고 있다. 긴 세월만큼 늘어난 살림 도구는 놓인 자리가 늘 제자리다. 지하실이며 창고에는 별 쓰임새 없는 잡동사니로 가득하다. 자주 정리도 하고 치워 보지만 주택 생활에서의 청소는 치워도 끝이 없다. 이사라 도 갈 듯이 치우지 않으면 곳곳에 숨겨진 잡동사니를 아마 평생 끼고 살 듯하다.

묵은 살림살이 대부분은 어머니의 손때 묻은 것들이다. 그래서 함부로 버리지 못하고 창고나 다용도실에 쌓아두 고 산다. 언젠가 낡은 세간살이 몇 가지를 어머니 몰래 버 렸다가 혼이 나고는 먼지가 쌓여도 창고에 밀쳐둔다.

어머니는 길에 떨어진 못 하나, 노끈 하나도 허투루 보 지 않고 주워 오신다. 우리 집이 고물상이냐며 주워오지 마시라고 해도 가져다 놓으면 나중에 다 쓰임이 있다고 강 조하신다. 살림은 아껴야 잘산다며 잔소리 같은 훈계도 하 신다. 그래도 가끔은 어머니 몰래 내다 버리기도 한다. 어 머니의 근검절약은 본받아야 하지만 그래도 서운한 감정 이 들 때가 많다.

이십여 년 전, 본가로 옮겨 오면서 일어난 이야기다. 시 아버님이 돌아가시고 낡은 기와집을 헐고 이층주택을 지었다. 새로 지은 집에 새 가구로 단장하고 싶었으나, 어머니는 쓰던 것도 말짱한데 돈 들여 새 물건을 사냐며 언짢아하셨다.

지금도 냉장고 구입 사건은 잊히지 않는다. 친한 친구 중에 당시 전자제품 외판원 하는 친구가 있었다. 그 친구가 실적을 올려 달라며 대형 냉장고를 권했다. 이왕이면 대형을 사는 것이 좋을 것 같다는 생각에 선뜻 가져오라고 하여 말끔히 설치를 끝냈다. 새집에 새 대형 냉장고를 들여놓고 나니 부엌이 한결 깨끗해졌다. 신형 냉장고라 보기도 좋고 쓰임새도 좋아 연신 냉장고 문을 열었다 닫았다 하며 즐겼다.

그러나 그 즐거움도 잠시였다. 밭일을 마치고 집 안으로 들어선 어머니의 표정이 점점 굳어지더니 나를 불러 세웠다. 대형 냉장고는 전기세가 많이 나오니 당장 물러 오라고 으름장을 놓으셨다. 당황한 나는 이미 포장도 뜯었고 설치까지 마쳤는데 어쩔 수 없다며 그냥 사용하겠다고 우겼다. 그럼 쓰던 냉장고는 어찌했냐고 물으셨다. 툴툴거려 소리 나는 냉장고는 고물상에 줬다고 했다가 오히려 어머니의 화만 돋우고 말았다.

밤늦게까지 냉장고 앞을 오가며 으르는 어머니 때문에, 그날 새 냉장고에 반찬 그릇을 넣을 수 없는 난감한 상황이 벌어졌다. 그래도 단단히 마음먹고 어머니와 신경전을 펼쳤다. 절전형이라 덩치만 클 뿐 전기세는 많이 나오지 않는다며 어머니를 설득하려 했다. 그러나 어머니의 노기는 쉽게 가라앉을 기미가 보이지 않았다.

살림살이 헤픈 며느리 교육을 단단히 가르칠 요량이셨나 보다. 만약에 냉장고를 물리면 나는 친구들 사이에 독한 시집살이 하는 불쌍한 친구로 소문이 자자해지겠지. 속이 부글거려 다시는 새 물건을 사지 않으리라 다짐하며 속으로 어머니가 한없이 미웠다. 아끼고 절약하는 어머니의 성품은 잘 알지만, 생활에 필요한 것까지 간섭을 받으니 늘 마음이 편치 않았다. 그 후로도 어머니와 생활 속 줄달음을 자주 치르고 살았다.

새댁이 이사 가는 걸 보니 나도 묵은 짐 정리를 해야지 하며 창고를 들여다본다. 온갖 잡동사니로 진즉에 버렸어야 할 것들이 대부분이다.

이제 낡은 살림살이 하나둘 몰래 갖다 버린다고 뭐라고 하시진 않겠지. 그래도 혹여 어머님이 찾으면 모른다고 딱

잡아떼야지. 어설픈 용기를 믿고 살림살이를 화풀이하듯이 끄집어내었다. 와르르 허드레 살림살이가 쏟아진다. 창고 곳곳에 쌓여있던 낡고 녹슨 살림 도구들을 재활용 자루에 집어넣었다.

몇 차례 대문을 들락거리며 짐을 날랐다. 마침 골목을 지나던 고물상 아주머니는 먼저 내다 놓은 살림살이 중에서 고물의 가치가 있는 것부터 재빠르게 챙겨 담는다. 그런데 주섬주섬 담아가는 아주머니를 보면서 왠지 마음이 개운치 않다. 그렇다고 놔두어도 별 쓰임도 없건만 버리자니 어머니의 얼굴이 어른거린다. 이 묵은 살림의 주인은 어머님이시지 않는가. 지금은 비록 볼품없이 낡은 부엌 도구지만 어머님의 애환이 서린 것 같아서 차마 버릴 수가 없다. 눈 딱 감고 버리려 했건만 아직은 버려야 할 때가 아닌 것 같다. 그래, 아직은 버리지 말자. 나는 결국 어머님이 평소 아꼈던 무쇠 냄비와 몇 가지 살림 도구는 버리지 못한 채 집으로 도로 가져 들어오고 말았다.

다시 껴안은 고물 같은 살림살이를 나는 언제쯤 과감히 놓아 줄 수 있을까. 사람이나 물건도 정들면 이래서 쉽게 놓지를 못하나 보다. 묵은 살림살이 몇 개를 정리하고 버림이 이리 힘들까. 정작 놓아 주면 얼마나 더 섭섭할꼬.

어지럽힌 창고 속을 정리하고 고물 같은 살림을 잠재우려 빗장을 채운다. 한나절 내내 흘린 땀으로 등줄기가 끈적인다. 에이, 이런 날 바람이라도 확 불면 좋으련만. 담장 너머로 뜨거운 바람만 넘실거린다.

아름다운 실버를 위하여

우린 모두 아름답게 늙어 가고 싶어 한다. 삶의 긴 여정에서 가장 건강하고 빛나던 청춘의 시절로 돌아가고 싶은 건 누구나 가져 보는 소망이다. 하지만 우리 삶에 영원함은 없다. 어쩌면 정답이 없는 길에서 나이 듦을 서러워하지 말고 조금 더 행복하기를, 조금 더 사랑하기를, 내가 얼마나 소중한 존재인지를 알고 가는 길이었음 좋겠다.

나는 몇 해 전까지 '할머니 한글문화교실'을 운영했다. 2005년 처음 강서동 주민자치센터에서 시작하여 2014년까지 양산대한노인회에서 할머니 한글 강좌 프로그램을 진행했다. 그동안 할머니교실 문집 네 권을 엮었고, 시화

전과 시낭송대회를 열기도 했다.

연세 지긋하신 분들이라 조심스러움과 부담감을 안고 수업을 시작했지만, 시간이 갈수록 할머니들의 배우고자 하는 열정에 감동했다. 삐뚤빼뚤 쓰는 글씨가 부끄럽다며 수줍게 미소 지어 보이던 할머니들과의 시간은 늘 즐거웠고 그 속에서 나는 작은 행복을 느꼈다. 소소한 교실의 생동감은 나이를 잊어버리게 하는 힘이 있었고, 스스로 글을 깨쳐가면서 얻는 기쁨의 수다를 떨 때의 모습은 여느 여학생들과 다르지 않았다. 그런 할머니들 수다의 끝은 "아이고, 쪼매마 더 일찍 글을 깨쳤더라면…." 하는 가슴에 쌓인 말로 마무리되곤 했다.

할머니들의 가슴에 담긴 사연을 쓰시게 해 문집으로 엮어 드리고 싶었다. 한 분 한 분의 소중한 이야기를 들어 주고, 짧은 문장은 직접 써보라고 했다. 아직 안된다고 손사래 치는 할머니들께는 글씨를 그림처럼 써도 된다고 설득하여 첫 문집을 만들었다. 자신들이 손수 쓴 글이 책자가 된 것이 신기하다며 서로 얼싸안았다.

할머니들의 문집에 실린 글은 대부분 지난날의 그리움과 아픔이었다. 왜 그리 한이 많은지 읽다 보면 가슴이 먹먹하고 눈물이 났다. 그중에서 세 번째 문집(2008년)의 최모 할머니의 자작시 「내 유년의 기억」은 수작으로 기억된다. "나는 나중에야 알았다. 그날 엄마의 밥까지 내가 다 먹어 버린 것이었다. 삼사월 긴긴 해에 배가 고파 허리가 접혔을 엄마를 생각하면 가슴이 아프다"로 끝을 맺는 이 글은 할머니 시낭송대회에서 최우수상을 받기도 했다.

그 어떤 드라마의 주인공보다 더 지난한 삶을 살아온 어르신 세대. 이젠 무거운 짐 훌훌 털어버리고 행복한 실버 시대를 여셨으면 좋겠다. 몸도 휴식이 필요하듯 마음의 쉼표도 필요한 것. 지난한 세월을 견디며 왔을 할머니들이 좀 더 즐겁게 생활하며 건강을 유지하시기를 바란다. 그간 잠재워놓았던 감성을 일깨워 자신을 표현하면서 상처 입은 마음을 치유하고, 즐거운 추억을 만들 기회도 더 많아지셨으면 좋겠다. 누구나 혼자 왔다가는 생, 이제는 오직 자신을 위해 치유 프로그램도 찾고 청년 못지않은 노익장을 과시하며 실버 시대를 즐기면서 행복하게 사시기를 나는 간절히 바란다.

3부

가을에 부쳐

소슬바람이 분다. 여름내 그악스럽게 울어대던 매미 소리가 잦아들었다. 뜰 바깥을 향해 목청을 돋우어 사랑을 갈구하던 매미들은 다 어디로 갔을까. 잎 진 목련나무엔 매미가 머물렀던 흔적만 거뭇하게 남아있다.

낮 동안 부드럽게 쏟아지는 가을볕은 졸음에 겹도록 따스하다. 어디선가 날아와 뜰에 자리 잡은 상사화 한 송이가 방싯거린다. 붉은 꽃무리 속에 스며들지 못하고 저 홀로 핀 상사화. 꽃이 필 때는 잎을 보이지 않고, 잎이 자랄 때는 꽃을 보일 수 없는 상사화의 운명이 애잔하게 흔들린다.

상사화의 그늘 속으로 참감나뭇잎 한 장이 풀썩 뛰어 내린다. 고개를 들어 치어다보니 오늘따라 감나무가 까칠해 보인다. 해거리하는 참인가. 지난해엔 가지가 휘도록 감을 주렁주렁 매달고 있더니, 잎만 보인다. 가까이 다가가 보니 감나무 밑동에 생채기가 나 있다. 지루한 장마와 폭염에 상처를 입고, 홀로 깊은 병을 앓고 있었나 보다. 거름을 한 삽 떠서 참감나무 밑동 근처에 이리저리 뿌려 주었다.

그리고는 간짓대를 가져다가 감을 땄다. 가지에 앉아 쉬었다 갈 새들을 생각하여 몇 알은 새들의 간식으로 남겨두었다. 까치발을 하고 가지의 끝부분을 꺾어 감을 땄지만, 손에 떨어진 감은 몇 알 안 되었다. 잘 익은 감은 채반에 담아 놓고 덜 익은 풋감은 항아리 안에 넣어 두었다. 항아리가 감의 떫은맛을 가시게 하고 말랑한 홍시로 익게 해주리라.

까치밥으로 남은 감이 주홍빛 노을과 어우러져 저녁 하늘을 붉게 물들이고 있다. 그 사이 어둠이 뒤란을 돌아 나오며 저녁을 알린다. 장독대 밑에서 귀뚜라미 울음소리가 들렸다. 떠나간 매미가 그립다는 뜻일까, 홀로 견뎌야 하는 자신의 삶이 슬프다는 뜻일까. 애잔하게 우는 귀뚜라미 울음이 서늘한 하늘을 향한 세레나데처럼 들린다.

잠시 평상에 앉아 가을과 마주해본다. 들꽃 한 송이, 풀 한 포기, 그 속에 깃들었던 것들이 또 다른 시간 속으로 옮겨가고 있다. 주변에는 자연의 순리에 따라 다툼 없이 피었다 지는 것들로 가득하다. 나도 곧 다른 시간 속으로 발걸음을 옮겨야 하리라.

생각해보니 그동안 마음에 물기가 사라져 짧은 글 하나 짓지 못했다. 소중한 것들에 대한 생각은 살아가는 일에 휘둘려 놓쳐 버린 적이 많았다. 마음 깊은 곳에 어떤 억울함과 분노가 쌓여있었던 것일까. 버선목 뒤집듯, 속을 뒤집어 보여주지 못한 안타까움은 늘 가슴앓이가 되었다.

이제 나를 돌아보아야 할 시간이다. 빈자리로 돌아가는 가을이 훌훌 벗어던지고 떠나야 함을 알려준다. 마음을 비워내기 위해서라도 글을 한 편 써야겠다.

뜨락에 떨어진 감잎을 한 장 주워다 그 위에 내 마음을 새겨본다. 당신에게 하고 싶었던 말, 듣고 싶었던 말을 잔뜩 써서는 당신을 향해 부친다. 소슬한 가을바람이 분다고, 마음의 안부는 어떠냐고.

부추를 다듬으며

　장마와 폭염이 너무 오래 머문다. 마당에는 습기를 머금은 잔디와 잡초들이 무서운 기세로 자란다. 남편은 거의 매일 잡초와 씨름이다. 부지런히 뽑아내도 며칠 지나지 않아 또 다른 풀씨가 터를 잡고 뻗쳐댄다. 잡초의 생명력과 번식력이 놀라울 따름이다.

　모기와 벌레들의 극성도 만만찮다. 햇볕에 고추를 널어놓거나 잡다한 집안일을 좀 하려면 목이 긴 장화를 신어야 그나마 모기들의 공격을 덜 받을 수 있다. 기피제를 잔뜩 뿌려도 모기의 기세는 등등하다. 벌레에 물리면 한참 동안 가렵고 화끈거려서 물파스로 진정시켜 보지만 한번 물린 자국은 여름내 팔다리에 흉터 자국을 남기기도 한다.

오늘은 남편이 아침 일찍부터 텃밭에서 부추를 한가득 베어 마당에 부려 놓는다. 다른 작물은 정성껏 심어도 잘 자라지 않고 시름시름 말라 죽거나 아예 싹도 틔우지 않는데, 부추만큼은 싱싱하고 반들반들 잘 자란다며 은근히 자랑한다. 나는 피식 웃으며 돌아가신 어머님이 부추를 참 잘 가꾸셨는데 아마 그 농사법을 당신에게 전수라도 하셨나 보다고 기분 좋게 툭 던져 본다.

부추가 한창인 여름이면 어머님과 함께 해거름쯤에 부추를 다듬곤 했다. 다음 날이 장날이면 어머님은 직장 일로 바쁜 나를 불러 부추 다듬는 일에 동참하게 했다. 나는 더위가 가시지 않은 평상에 앉아 부추 다듬는 일이 못마땅했다. 손톱이 새까맣게 물드는 데다 모기에 뜯겨 가며 허리도 제대로 펴지 못하는 노동이라 너무 하기 싫었다. 어머님은 나의 불편한 심기를 읽고도 짐짓 모르는 척 지난번에 들려준 마을 내력에 얽힌 이야기를 다시 시작하곤 하셨다.

"야야, 옛날에 사라호 태풍 때 말도 마라. 도랑물이 넘쳐 가지고…."

어머님이 들려주는 이야기를 나는 거의 다 외울 정도였다. 그래도 육남매 배불리 먹이고 입히며 공부시키느라 고생하셨던 대목에는 나도 모르게 울컥하기도 했다. 잠시 이야기가 끊어지는 것 같아 어머님을 올려다보면 고단함에 졸음 겨워 스르르 부추를 손에서 내려놓기도 하셨다. 나도 쥐가 난 다리를 풀기 위해 콧등에 침을 바르고 다리를 오므렸다 폈다를 반복하며 부추를 다듬었다. 해가 뉘엿뉘엿 기울고 어둠이 깔릴 즈음에야 노동은 마무리되었다.

그런 날 저녁 밥상에는 맵싸한 고추와 방아잎을 다져 넣은 부추전과 풋고추를 썰어 넣은 애호박 된장국이 올랐다. 전등 불빛을 찾아드는 모기떼와 어울려 어머님과 나는 마주 앉아 커다란 양푼에 새콤 짭조름한 부추겉절이를 쓱쓱 비벼 맛나게 먹었다. 부추를 다듬느라 허리도 아프고 손톱은 새까맣게 풀물이 들었지만, 노릇노릇 구워진 부추전 한 점으로도 행복한 저녁 밥상이었다.

어머님이 세상을 떠나신 이후에는 혼자서 부추를 다듬는다. 많은 양의 부추를 혼자서 다듬으려니 참으로 심심하고 졸음에 겹다. 마당귀에 쪼그려 부추를 다듬다가, 퍼뜩 생각난 듯 스마트폰을 꺼낸다. 유튜브 채널에서 트로트 음악을 찾아 볼륨을 높이고, 어머님이 앉았던 맞은편 자리에 스마트폰을 앉혀두었다. 신나게 흘러나오는 트로트 음악을 따라 흥얼흥얼 목청껏 부르는데, 꽃 진 목련 나뭇가지에 숨었던 매미가 나를 놀리듯 떼창으로 울어댄다. "그래 여름철에는 니가 가수다." 하고 매미에게 마이크를 넘겼다. 햇살은 점점 뜨거워지고 매미 소리만 요란하다. 소나기라도 한 자락 쏟아지면 좋을 텐데.

동치미

겨울철로 접어들면 동치미를 담근다. 김장을 하기 전, 11월 중순에 담가 숙성의 시간을 거쳐야 제맛이 난다. 맛이 우러나는 데는 숙성의 시간뿐 아니라 담그는 시간과 정성도 필요하다. 가장 먼저 할 일은 무를 뽑는 일. 나는 동치미를 담기 사흘 전에 텃밭에 나가 무를 뽑는다. 굵고 튼실한 무는 따로 골라 자루에 담고, 비교적 가늘고 아담한 무만 골라 껍질째 깨끗이 씻어둔다. 물기가 빠지면 간수 뺀 소금에 무를 돌돌 굴려 큰 항아리에 차곡차곡 넣고 뚜껑을 덮는다.

생수는 무에 소금간이 배도록 이삼 일 기다렸다가 부

어야 한다. 소금간이 싱거우면 금방 물러져 골마지가 생기기 때문에 물을 부을 때는 간을 잘 맞춰야 한다. 통마늘, 배, 생강, 대추를 양념으로 넣은 삼베 주머니에 잘 삭힌 고추도 몇 개 넣어 주머니 끝을 꼭 싸맨 다음 항아리 아래 넣고, 간이 밴 무 위에 생수를 붓는다. 맨 위에는 잎이 많이 달린 대나무 잔가지를 꺾어다, 무가 물 위로 뜨지 않도록 눌러 놓고 항아리 뚜껑을 덮는다.

그런 다음 햇빛과 바람이 양념을 더해 주기를 기다렸다가 동짓날 즈음 꺼내 식탁에 올려놓으면, 사이다처럼 톡 쏘면서 알싸한 맛이 난다. 팥죽이나 찐 고구마, 뜨끈한 호박죽을 끓여 소반에 놓고 살얼음 동동 뜬 동치미를 꺼내 먹기 좋게 썰어 곁들이면 그만한 맛이 없다. 곱게 채를 썰어 참기름, 깨소금, 고운 고춧가루를 넣고 조물조물 버무린 다음 밥에 비벼 먹는 것도 별미다. 동치미의 고 톡 쏘면서도 들큰한 맛을 맛보면서, 가족들이 "그래, 이 맛이었어."라고 탄성을 내지르면 더 맛이 난다.

그러나 가끔은 동치미를 담그는 일도 동치미를 맛보는 일도 시들해질 때가 있다. 아이들이 자라서 내 곁을 떠나고, 남편과 둘이 앉아 먹는 밥은 얼음 뜬 동치미를 곁들여도 무맛이다. 때로는 둘이 먹으려고 오랜 시간과 정성을 들여야 하나, 누가 담가놓은 것을 사 먹을까, 하는 생각도 든다. 그래도 또 한편 생각하면, 남편과 내가 즐겨 먹는 동치미는 내 손으로 담가야 할 것 같다.

맛의 기억은 머릿속에 있는 것이 아니라 피부와 근육, 몸속에 저장돼 있는 것. 잘 삭은 동치미 냄새를 맡고 그 맛을 보고 몸 안으로 들어가는 순간 과거의 기억도 떠오르는 것. 가령,

그런 날 저녁이면 어머니는 커다란 양푼에 동치미를 한가득 내오시며 온 동네 어른들을 불러 모으셨는데, 기와집 할배요 우리 집에 밥 잡수러 오시랍니더, 문수아재요 울 엄마가 밥 잡수러 오시랍니더, 우야아지매요 울 엄마가 밥 잡수러 오시랍니더, 부르튼 손등으로 콧물 훔치며 어둑한 골목을 뛰어다니다 오면, 어머니는 그새 쫑쫑 썬 무를 얼음 뜬 국물에 띄워 한 상 가득 차려놓으셨는데, 어른들 그 무無맛인 동치미 국물 아 참 달고 시원타 연발하시며, 마음이 동하면 젓가락 장단에 한 소절씩 노래도 부르셨는데, 세상일 그리

큰일이 아니라 가난한 음식이라도 이웃과 함께 나누
는 일이라고 그렇게 가르쳐주셨는데,

- 김순아, 「동치미」(『슬픈 늑대』)에서

시에서처럼, 세월 속으로 빨려 들어가 세월과 함께 아
련해진 기억이 선명하게 떠오르기도 하는 것이다. 시인
이 그랬던 것처럼, 혼자 동치미를 꺼내 먹으면 별맛을 느
끼지 못하지만, 오늘의 맛이 내일 추억할 맛이라면, 음식
을 만드는 번거로운 절차도 기꺼이 감수하고 남편과 마
주 앉아 맛있게 먹어야 할 것 같다. 언젠가 오늘 이 순간
이 그리워지는 날이 도래할 것이며, 그렇게 시간이 더 지
나면 나의 오늘도 멈추고 결국 이 맛조차 느낄 수 없게
될 것이므로.

우산

아침부터 들고나온 우산이 이렇게 성가시고 귀찮을 수가 없다.

오늘 장마전선의 영향으로 오전부터 많은 비가 내린다는 상냥한 아나운서의 일기예보는 빗나가고 말았다. 하긴 기상예보 빗나가는 일이 다반사이긴 하지만 그래도 장마철이니 혹 비가 올지도 모른다는 생각에 우산을 챙겨 집을 나섰다.

나의 손에 들려진 우산이 단으로 착착 접혀 가방에 들어갈 수 있는 우산이면 좋으련만, 일찍 집을 나서는 식구들부터 우산을 가져가 버리고 허름한 우산이 내 차지가 되었다. 천 색깔도 바래졌고 손잡이 부분도 녹슬어 우산을 펼치려면 몇 번을 힘을 줘야 겨우 펼쳐지는 수동우산이다. 좀 낡고 허름한 우산이지만 비에 젖는 일보다는 낫지 않을까 하는 생각이 들었다.

그러나 오후가 다 되어도 비는커녕 햇볕만 쨍쨍하다. 가방에도 들어가지 않는 이 허름한 우산을 슬쩍 버리고도 싶지만 버릴 곳도 마땅찮다. 사실은 좀 전에 들른 마트의 구석진 곳에 버려두고 싶었지만 그러지도 못하고 마트를 나와 버렸다.

비가 오면 이 허름한 우산도 그 쓰임새가 참으로 요긴하겠지만, 이렇게 햇볕이 쨍쨍하니 아무런 도움도 주지 못하고 아주 쓸모없는 물건 취급을 받을 수밖에 없다.

살면서 비를 피해야 할 일이 많다. 길을 가다 갑자기 쏟아지는 소낙비를 어쩔 수 없이 맞고 갈 때, 누군가가 다가와 자신의 우산 속으로 들어오라고 하면 미안하고 부끄럽지만, 우선 비를 피해야 한다는 생각으로 그 우산 속으로 들어갈 수도 있다. 우산이 주는 고마움은 온몸으로 비를 맞아보지 않았다면 말할 수 없다. 신발도 젖고,

가방도 젖고, 몰골이 초라해진 이에게 선뜻 우산 속으로 들어오라는 인사가 얼마나 고마운지 모른다. 자신의 일부가 젖을지도 모르는데 우산의 반을 내어 주는 주인에게 어색하고 겸연쩍지만 잠시 비를 피하며 고마움의 인사를 건넨다.

그러나 곧 비가 그치고 다시 맑은 햇살이 비치면 그 우산을 씌워 준 이의 고마운 마음을 잊고 지내는 것처럼 우리는 자신의 다급함으로 인해 도움을 받았던 일을 까맣게 잊고 사는 일이 허다하다.

비가 내리고 몸이 젖어 낭패스러울 때는 우산이 필요했다가 비가 그치면 손에 들고 다니기조차 부담스러워지는 우산처럼, 급한 형편으로 많은 도움을 받았다가 비 그치고, 햇볕이 나면 도움을 받았던 이들의 고마움을 잊고 사는 것은 아닐까. 비가 내리지 않으니 이젠 우산이 필요 없다며 고마움의 기억을 나는 어느 구석진 우산꽂이에 박아 두었는지도 모른다.

급할 때 쓰고 잊어버리는 우산처럼, 가까운 이들의 고마움을 잊고 사는 동안 나 역시 많은 이들로부터 잊어버린 사람으로 취급되어 살고 있지는 않았을까. 아침의 일기예보를 믿고 허름한 우산 하나 챙겨 나선 일을 두고 이렇게 종일토록 불편해하면서 여러 가지 생각에 잠겨본다.

바보 같은 개의 운명

바보 같은 개 복실이는 결국 그날 밤 돌아오지 않았다.

하긴 4년여를 대문 앞 개집에 묶여 꼼짝없이 살아온 한살이가 싫어서라도 영영 돌아오지 않을지도 모른다. 개도 팔자라는 것이 있는지, 잃어버린 그날은 그를 꽁꽁 묶어두었던 개 줄마저 삭아서 터져 버렸다.

복실이는 딸애가 다니는 학원에서 몇 해 전에 얻어왔다. 개는 발바리 종류로 작달막한 체구에 얼굴은 온통 털로 뒤덮여 제대로 눈도 맞출 수 없는 작은 강아지였다. 복실이는 처음 얼마 동안은 사랑을 받았다. 아이들은 강아지에게 복실이라 이름을 지어주며 방 안에서 키우겠다고 떼를 쓰다, 할머니에게 혼이 나기도 했다. 그러나 점점 시간이 지나면서 복실이는 시도 때도 없이 영악하게 짖어대어 시끄러워 견딜 수 없었다. 대문을 지나쳐가는 이웃들은 집은 멋진데 개가 참 영악스럽게 짖는다며 수군거리기도 했다. 그러나 워낙 짖어댔기 때문에 아무도 쉽게 집 안으로 들어올 수 없어 어떤 면에서는 기특하기도 했다.

밤마실 가기 좋은 어느 날 산책에 데리고 나간 것이 잘못이다. 대문을 나서면서 목줄을 풀어 주었다. 목줄이 풀어진 복실이는 속박의 끈에서 풀린 것이 얼마나 좋은지, 촐랑거리며 풀밭이나 전봇대에 마구 오줌을 갈겼다. 복실이가 물 만난 물고기처럼 이리 뛰고 저리 뛰며 신이 나, 우리가 어디로 산책 가는지도 모르면서 앞서간 것이 잘못이다. 그날 밤 복실이는 온 동네를 찾아보았지만 어디로 숨었는지 찾지 못했다. 할 수 없이 집으로 돌아와 대문을 열어 둔 채 잠을 잤다. 본능으로 집은 찾아오겠지 하며 기다렸다.

그러나 다음 날 해가 중천에 떠도 복실이는 돌아오지 않았다.

가족들은 복실이가 걱정되어 산책했던 곳을 다시 천천히 찾아보기로 했다. 산책로 가는 길가에 있는 보신탕 집이 마음에 걸렸다. 설마 하며 식당을 두리번거리다 보신탕집 주인의 따가운 눈총만 받았다.

가족들은 며칠째 복실이를 찾아보았지만 찾을 수가 없었다.

대문은 조용해졌다.

개가 짖지 않으니 조용해서 좋기는 하지만 왠지 마음이 편치 않았다. 빈 밥그릇과 물그릇을 보니 주인으로서 제대로 관심 가져 주지 못했음에 미안한 마음이 든다. 평소 개를 별로 좋아하지 않는 나로서는 끼마다 고기 부스러기라도 챙겨주는 것이 유일한 애정이라고 생각했다. 개도 주인으로부터 사랑을 받으려면 꼬리를 치거나 적어도 주인을 향해 짖지는 말았어야지 밤낮 누군가가 지나만 가도 짖어대니 미움을 받을 수밖에 없었다.

골목이 조용해지니 이웃이 기웃거리며, "개 어디 갔어요?" 하고 물어온다. 아니 잃어버렸다고 하자, "복날도 다 되어 가는데 무사하지 못하겠네." 하며 의미심장한 말을 던진다. 빈 개집을 청소하며 괜히 심란해진다.

개는 큰 소리로 짖음으로 자신의 존재를 알린다. 소리 내어 짖어 주변 상황을 주인에게 일러주는 충견의 역할을 하기도 한다. 억지로 짖지 못하게 성대를 수술해버리는 견주가 있다는 소리를 들은 적은 있지만, 개는 짖을 줄 모르면 별 존재감이 없다. 복실이도 대문에서 짖어줌으로써 우리 가족을 안심하게 했는지 모른다. 다만 바보처럼 심하게 짖다 보니 모두 싫어할 수밖에 없었다. 늦은 밤 자리에 누웠는데 특유의 울음으로 짖어 댈 때는 '어휴, 저놈의 복실이 시끄러워 살 수가 없네.' 하며 개집을 향해 눈을 흘겼다.

복실이가 집을 나간 후 나흘이 되던 날 아침, 청소를 하기 위해 열어 둔 현관 쪽에서 무엇인가 희끗 스치는 그림자가 보였다. 혹시 하며 뛰어나가 보니 복실이가 죽은 듯이 엎드려있었다. "아이구, 복실아!" 반가움에 가슴이 뭉클해졌다. 복실이는 껌벅이며 바라보더니 슬그머니 눈을 감는다. 숨소리가 힘이 없다. 집을 찾기 위해 얼마나 고생했는지 다리는 물어 뜯겨 피가 흐르고, 털은 엉겨 붙어 꼴이 말이 아니었다. 서둘러 씻겨서 상처를 치료해주고 자리도 깔아주며 편히 쉬게 해주었다. 복실이는 가져다준 밥은 먹지도 않은 채 계속 잠만 잤다. 오직 먹는 것이 제일이었던 먹보가 밥을 마다하고 지쳐 쓰러져 자는 모습에 마음이 짠해졌다. 치료를 받은 복실이는 빠르게 회복되어갔다.

그런데 희한하게 복실이가 짖지를 않는 것이다. 모르는 사람이 와도 멀뚱히 쳐다만 보고 짖지를 않는다. 장사치가 기웃거리거나, 우체부 아저씨가 편지를 두고 가도 복실이는 일어났다가는 이내 다시 앉아버리곤 한다. 이웃들은 돌아온 복실이가 영악스럽게 짖지를 않으니 빵도 던져 주고 얼려주기도 하며 신기해한다.

골목은 이제 조용해졌다. 여름 햇살을 받으며 복실이는 그늘에서 늘어지게 잠만 잔다. 그렇게 며칠이 지난 후, 마침 외출할 일이 생겨 대문을 나서는데 복실이가 부스스 눈을 뜨고는 '컹' 하며 몸을 일으킨다. 온몸을 길게 기지개를 쭈욱 펴는 폼이 이젠 기운이 있어 보인다. 집 잘 보고 있으라며 쓰다듬어주고 막 대문을 나서는데, "캥캥엥 캥캥." 하며 복실이가 다시 짖기 시작하는 게 아닌가? '그럼 그렇지 제 버릇 개 못 준다더니 요사이 얌전하다 했지.' 피식 웃음이 나왔다. 서둘러 골목을 벗어나자 좁은 골목 안으로 탑차 한 대가 들어간다. 복실이의 짖는 소리가 골목 끝까지 들린다. 탑차를 비켜주며 순간 이상한 예감이 들었다. 탑차의 스피커가 몇 번 아~ 아~ 하고 울리더니 남자의 조용한 목소리가 골목을 휘감기 시작했다. "개 삽니다. 큰 개, 작은 개 모두 삽니다. 똥개 나, 진돗개 모두 삽니다. 개 삽니다. 개 삽니다." 스피커 에서는 은근한 목소리가 계속해서 흘러나왔다. 개장수 차가 우리 집 골목 쪽으로 꺾어 들어가는 것을 버스를 타 면서 봤다. 왠지 불안한 마음에 서둘러 볼일을 보고 집으 로 돌아왔다.

집이 가까워질수록 다리가 후들거렸다. 혹시나 하는 불안감은 대문가에 아무렇게나 던져진 개 줄을 보고 직 감했다. 개집은 빈집이었다. 복실이가 보이지 않았다. 불 길하던 예감이 적중한 것이다. 아까 개 산다고 외치던 그 개장수가 복실이를 훔쳐가버린 것이 분명하다. 급히 마 을 회관 쪽으로 뛰어갔다. 이장을 만나 점심나절쯤, 개 산 다고 스피커로 외치던 탑차를 혹시 보았냐고 물어보았 다. 이장은 개 산다고 외치던 소리는 들었지만, 직접 차를 보지는 못했다고 말했다. 그 전해도 여름철이면 개들이 감쪽같이 없어진 집이 더러 있었다. 도둑 같은 행동에 괘씸한 생각이 들었다. 말 못 하는 짐승일지라도 얼마나 두려움에 떨었을까? 참으로 서운하고 잘 돌보지 못했음이 너무 미안했다. 복실이는 영악스럽게 짖어대어 큰 사랑은 못 받았지만 늘 대문 앞을 지켰고, 집을 지킨 충견이었다는 생각이 막상 복실이가 없어지고 나니 들었다.

이제 복실이가 없어진 대문가는 졸린 듯 조용하다. 바보 같은 개 복실이는 결국은 짖기만 하다 개장수에게 잡혀가고 말았다.

오늘따라 날씨가 무척이나 덥다. 개집의 빨간색 지붕이 여름 뙤약볕에 익혀 버릴 듯 붉다. 빈 개 밥그릇에는 여름 햇살만 한 그릇 가득하다. 매미가 맴~엠~ 쓰르르~ 소리를 내며 더운 바람을 일으킨다.

'밥이라도 듬뿍 줄걸….'

그다음 날이 중복이었다.

빗물 사이로

갑작스레 폭우가 쏟아진다. 열린 창을 닫으려고 거실을 가로질러 창가로 간다. 손을 뻗어 문을 닫는 순간, 맺혀 있던 빗방울이 방울방울 흩어진다. 등 뒤, TV에서 폭소가 쏟아진다. 서로 마주 앉아 시시콜콜한 세상 이야기를 나누며 웃고 있는 사람들. 마음에 파문이 일면서, 잊고 살았던 한 얼굴이 떠오른다. 이젠 이미 산화되어 자연으로 돌아갔을 그녀, 박만순 선생님. 그녀에게 부치려고 했던, 그러나 아직 완성하지 못한 편지가 떠오른다. 책상 서랍을 열어, 쓰다 만 편지를 꺼내 한 구절 읽어본다.

선생님, 그곳에도 가을이 왔는지요. 그제는 문득 선생님이 생각나 우산을 받쳐 들고 생전에 잠시 사시던 외딴집에 갔었답니다. 석산리 8**번지는 마을 회관 앞 도로를 건너 포구나무 밑을 지나 좀 더 걸어야 도착할 수 있는 골목의 마지막 집. 대문도 없는 집. 주인 대신 바람이 먼저 달려오더군요. 마당가에 잡초들은 저 혼자 무성히 자랐다가 시들어가고 있더군요.

뒤뜰의 대나무는 여전히 싱싱했습니다. 푸른 몸을 부딪는 대나무 숲을 한참 들여다보다가, 매캐한 먼지와 눅눅한 습기가 가득한 마루에 걸터앉아 당신의 이름을 나직하게 불러 보았습니다….

쓰다가 접고 쓰다가 다시 접어둔 편지는 더 이상 연결되지 않고 더 많은 여백을 남기고 있다. 노랗게 빛바랜 여백이 짧은 글 한 줄 쓰지 못하고 산 나의 일상을 보여주는 듯하다. 그녀의 집으로 향한 골목을 바라보면서, 그녀의 목소리를 떠올린다.

젊은 시절 작은 서점을 운영했어요. 독신을 꿈꾸어

서 마흔이 되도록 혼자 살았어요. 힘든 날들이었지요. 그래도 하나님을 친구로 정하고 진실하게 살려고 발버둥쳤지요. 가족들은 가난해서 늘 내게 도움받기를 원하고…. 해서 결혼을 안 하려고 마음먹었지요.

그런데 인연이란 것이 참 묘해서, 어느 날 운명 같은 사랑을 만났어요. 독신을 끝내고 결혼이란 걸 했는데…, 그때 내 나이 마흔. 신랑은 나보다 열두 살 어린, 그야말로 연하였어요. 그 사람은 교회서 만났어요. 신앙심이 하도 깊어서 나도 모르게 끌렸지요. 특별한 직업이 없어서 결혼 후에는 서점의 허드렛일을 도와주며. 그냥저냥 잘 살았는데, 살다 보니 살림살이가 어려워지고… 서점 팔고, 이곳 석산리 촌집으로 이사 왔어요.

그날 우리는 마을의 유일한 문화공간인 미용실에서 처음 만났다. 촌집으로 이사 온 날부터 그녀는 공인중개사 시험공부에 매달렸다. 열심히 노력한 결과 시험에 합격하고 공인중개사 사무실을 갖게 된 그녀를 보며 참 대단하다고 생각했다. 부지런한 그녀는 사업 수단도 좋아서 얼마 지나지 않아 생활을 윤택하게 만들었고, 벌레가 스멀스멀 기어다니는 촌집을 벗어나 깨끗하고 넓은 아파트로 이사도 했다.

가까이 지낼수록 그녀는 참 맑고 따스한 마음을 지닌 신앙인이란 생각이 들었다. 만날 때마다 내게 전도지를 내밀며 성경 구절을 읽어주고 교회에 나와달라고 간청했다. 나는 거꾸로 문인협회에서 주관하는 백일장 전단지를 그녀에게 건네며 참여를 독려했었다. 그녀는 백일장 대회에서 시 부문에 입상하고 문협 회원이 되었다. 그러나 사는 일이 우선이라 사업에 좀 더 매달리는 시간이 늘어나는 듯했다. 어떤 날은 고객과의 미팅을 위해 저녁을 세 번이나 먹었다고도 했다.

그러던 어느 날 그녀의 건강에 적신호가 찾아왔다는 소식을 들었다. 그야말로 살 만하니 병이 온 것이다. 하나뿐인 아들의 간을 이식받아 건강이 회복되는 듯하며, 몇 해를 더 견디다 결국 그녀는 일상으로 돌아오지는 못했다. 몸속에 뿌리 내린 병을 신앙의 믿음으로 극복하려고 성경의 한 구절 한 구절에 붉은 언더라인을 치던 그녀. 그러나 봄비가 하염없이 내리던 밤, 내가 잠든 사이 그녀는 홀연히 떠났다, 그녀의 하나님께로.

부고를 듣던 아침엔 매화꽃도 빗물에 젖고 있었다. 그녀가 떠난 이후, 봄이 세 번이나 지났다. 늘 함께할게요, 했으나 그사이 나는 잊고 있었다. 그해, 오는 봄 사이로 떠난 그녀를 이 가을에 이르러서야 기억하는 것이 죄스럽다. 쓰던 편지를 마무리하며 가을이 가기 전 그녀가 잠든 삼랑진 그곳에 다녀와야겠다.

그래 이 말이 하고 싶어서

도마

　무거운 몸 찌뿌둥하니 만사가 귀찮은데 눈치 없는 안주인은 오늘도 나를 눕혀 무턱대고 썬다. 내 등에 양파를 호박을 감자를 고추를 얹어 썰고 으깨고 두드리고 총총 다진다. 유산으로 물려받았다는 낡고 늙고 무딘 무쇠 칼로 내 가슴을 찧고 두드리고 내려친다. 야들야들 육질 좋은 쇠고기나 톡톡 가볍게 두드려 스테이크라도 만들어 먹을 것이지, 허구한 날 풀떼기에 비린 갈치에, 고등어에 값싼 것만 골라 썰고 두드리고 눌러대니 내 몸에 비린내가 배어 가실 날이 없다. 신세대들은 만능가위로 쓱 쓱 잘라 요리를 한다던데, 구시렁거리며 말을 해도 알아 듣지 못하는 안주인, 내가 칼이라면 저 손가락을 베어 버리고 싶다. 한때는 나도 짙은 향기 날리며 산새들 유혹하던 시절 있었건만, 속살대는 바람 끌어안고 가지 팔랑대던 밤도 있었건만, 어느 날카로운 톱날이 나를 토막내어 도마로 만들었는지, 축축한 부엌 한 귀퉁이에 놓여 오가도 못 하는 처량한 내 신세, 비린 몸 말리며 목쉰 울음 토해낼 한 줌 볕이 그립다.

칼

당신, 몸이 무겁습니까. 나도 한없이 무겁습니다. 안주인이 유독 나를 사랑하여 반짝이는 스테인리스 칼도 선물 받은 도자기 칼도 마다하고 늘 나만 찾지만, 그 사랑도 이제는 귀찮기만 합니다. 무쇠 칼인 내가 무슨 소중한 유물이라고 구석기 시대에나 있을 법한 숫돌에 정성스레 갈고 닦는지. 수십 년 베고 썰고 두들기다 보니 내 몸도 무뎌지고 녹슬어 이제는 단단한 것을 내리치려면 엄두가 나질 않아요. 안주인의 굵었던 팔뚝도 갈수록 얇아져 요즘은 무엇도 단번에 싹둑 잘라내지 못하고 헛 칼질. 그럴 때마다 나는 당신에게 미안합니다. 차라리 구석진 곳에 세워두고 나를 찾지 않았으면 좋겠어요. 무뎌져 가는 나를 보는 건 슬퍼요. 녹슬면 하나의 쇠붙이에 불과한 나, 칼집에 꽂혀서 생각해요. 칼이 되기 전, 수천 도의 화덕에서 끓어오르던 그때, 긴 칼로 만들어져 어느 장군의 손에 쥐어졌다면 어땠을까. 당신 몸을 자르고 베고 썰어야 하는 일을 언제까지 해야 할까. 내 언젠가 수천 도의 화덕으로 돌아가 다시 쇳물이 되면, 칼이 아닌 다른 무엇으로 태어나고 싶어요.

말을 놓치다

    내가 요즘 하는 일은 광고 마케팅이다. 주로 전화로 광고를 성사시키고 광고주가 원하는 시안을 만들어 전송하고 수정하여 신문 지면에 싣게 된다. 몇 줄 정도의 작은 광고일지라도 광고주의 의견을 존중하고 그들이 흡족한 반응을 보일 때까지 신경이 쓰인다. 주로 전화 대화로써 이루어지는 광고가 많지만 직접 테이블에 마주 앉아 광고 문안을 작성하기도 한다. 광고주와의 신뢰가 중요하기 때문에 긴장을 늦출 수 없다. 다행히 전화 목소리가 좋다며 꾸준히 광고를 맡길 때는 기분이 좋다.

    새로운 광고를 따내기도 어렵지만 광고비를 제때 받

지 못해 실랑이가 벌어질 때도 있다. 거의 '오리발' 수준의 광고주를 만나게 되면 난감하다. 광고 효과가 없으니 광고비를 못 주겠다거나 장사가 안돼서 문을 닫는다는 광고주, 전화 통화도 거부하는 광고주 등 이유는 다양하다. 하지만 일방적인 모욕감을 당할 때는 목까지 차오른 말이 튀어나오려 할 때도 있다. 이미 계약된 광고 기간은 만료가 되었고 답답한 상황이 연출된다. 그런 날은 광고주와 대놓고 말다툼은 할 수 없으나 놓쳐 버린 말 때문에 상처를 입기도 한다.

어릴 적 우리 마을에 몹시 말을 더듬거리는 갑이 아저씨가 살았다. 어느 날 갑이 아저씨는 죽산댁 할머니 집에 쟁기를 빌리러 갔다. 갑이 아저씨는 이른 아침에 대문을 두드린 것이 미안했는지 부엌에서 나오는 죽산댁 할머니께 인사만 꾸벅하곤 연신 손만 비비고 서 있었다. "와 왔능교?" 하고 죽산댁 할머니가 묻자 갑이 아저씨는 더듬거리며 "아~ 아지매요. 후- 후- 홀…" 하며 쟁기를 빌리러 왔음을 말하려고 했다. 그런데 도통 말이 되지 않고 계속 "후- 후-" 소리만 내고 더듬거렸다. 갑이 아저씨의 더듬거리는 말 때문에 죽산댁 할머니는 갑이 아저씨 입만 쳐다보고 있었다. 그때 마침 쟁기가 필요한 옆집 사는 김씨가 들렀다. 김씨는 "아지매요. 오늘 홀치* 안 쓰면 빌려 주이소." 하곤 제집 물건 찾듯 헛간에서 쟁기를 가져가버렸다. 안타깝게도 갑이 아저씨는 말을 더듬다가 그만 쟁기 빌릴 기회를 놓쳐버렸다. 후일 이 이야기는 소문이 되어 마을에 퍼졌다.

어떤 상황에 놓였을 때 적절한 말 한마디는 힘이 되고 삶의 희망이 되기도 한다. 우린 종종 하지 못한 말로 상처받고 울분을 토해내기도 한다. 쉽게 하지 못한 말 때문에 곤혹스러운 상황에 놓인 갑이 아저씨, 광고주의 일방적인 태도에 제대로 말하지 못한 나의 억울함은 다 그 순간에 놓친 말 때문이다.

살아오면서 무수히 많은 말을 쏟아내고 그 쏟아낸 말은 다 어디로 갔을까. 다른 이에게 위로보다 상처를 준 적이 더 많았으리라. 헤아릴 수는 없지만 하루에 내가 놓친 말은 얼마나 될까.

* 홀치: 쟁기를 가리키는 경상도 사투리. 후치라고도 함.

4부
千宵

무너진 흙담

　새벽녘까지 천둥 번개와 함께 장대비가 퍼부었다. 굵은 빗줄기는 시커먼 물구름을 휘감고 무섭게 쏟아져 내리고 세찬 바람에 창문이 덜컹거린다. 마당은 뒤 담장에서 흘러내린 흙탕물로 넘실거리고 텃밭의 붉은 고추는 말갛게 씻겨 빗속에서 더 붉다. 쏟아지는 굵은 빗줄기를 바라보니 마당에 나설 엄두가 나지를 않는다.

　일찍 일어난 남편은 집 주변을 살피느라 온몸이 비에 젖었다. 단독주택에 살면 이렇게 많은 비가 오거나 태풍 주의보가 내리면 손볼 곳이 많다. 그래서 주택에 살면 아파트 생활과 달리 집단속을 게을리할 수 없다. 어젯밤 단단히 비설거지를 하였건만 이미 지하실은 흘러내린 토사로 빗물에 잠겼다. 계속 비가 내리면 큰일이라 바닥의 물건은 서둘러 선반 위로 옮겼다.

불안한 마음에 집 뒤 언덕을 올랐다. 아파트 진입로를 내기 위해 공사 중이었던 현장의 절개지가 천막으로 엉성하게 덮여져 있었다. 집중호우에 대한 대비가 갖춰지지 않은 채 방치되어 있었다. 염려했던 대로 절개지의 흙은 빗물을 잔뜩 머금고 있었다. 절개지가 금방이라도 무너져 내릴 것 같았다. 남편은 흘러내리는 흙탕물이 우리 집 마당으로 흐르지 못하게, 물길을 우회하려고 절개지 쪽으로 걸어갔다. 남편이 길에 쏟아진 토사를 삽으로 퍼 담는 순간, 절개지 한쪽이 와르르 무너졌다. 쏟아지는 흙더미에 놀란 나는 우산도 내팽개치고 언덕을 단숨에 내려와 버렸다. 다리가 후들거렸다. 뒤따라 내려온 남편의 얼굴을 쳐다보려는데 굵은 빗줄기가 눈을 가렸다. 하마터면 큰일이 날 뻔했다.

다행히 절개지는 일부만 무너지고 멈추었다. 남편은 이리저리 피해 상황을 알리고 도움을 요청했다. 얼마 후 공사 감독이 찾아오고 허술한 관리를 따져 묻는 남편의 높은 언성이 들렸다. 늑장 공사할 때 알아봤어야 했다.

아파트 진입로 공사는 봄부터 시작되었다. 윗마을의 쉼터였던 그늘 좋은 느티나무를 굴착기로 뽑아내고 길을 부수고 요란을 떨었다. 공사 현장 바로 아래인 우리 집으로 돌덩이가 굴러 내리기도 했다. 언덕 절개지 유실은 장마 전부터 예상된 일이었다.

빗줄기가 조금씩 약해지자 무너진 절개지 복구 작업이 시작되었다. 더 이상 토사는 집 담장을 넘실거리지 않는다. 방 안에 있어도 빗속에 서 있는 것 같다. 쿵쾅거리는 굴착기 작업은 빗속에서 종일 계속되었다.

올해는 유난히 비가 많이 내린다. 비가 잦으면 마당의 풀은 하루가 다르게 웃자란다. 텃밭의 붉은 고추도 이제 시들하니 끝물이다. 축축이 젖은 콘크리트 담장도 지루한 장마에 지쳐 군데군데 균열이 일어나고 있다. 쏟아지는 장대비가 할퀴고 간 자국이다. 기와 얹은 담장 끝에 풀꽃이 나풀거린다. 장대비가 후려치고 간 담장에 기대어 아주 오래된 기억을 떠올려보았다.

비가 내렸다.

억수같이 쏟아진 장대비로 마을은 물난리가 났다. 동네 사람들은 밤새 불어난 강물이 믿기지 않아 발을 동동거렸다. 불어난 강물은 논과 밭, 포플러나무와 신작로를 물속으로 다 몰아갔다. 마을은 밤사이에 섬이 되어버렸다. 가게도 물에 잠겼고 버스도 오지 않았다. 누런 황톳물에 휩쓸려 온갖 것들이 다 떠내려왔다. 우르르 아이들과 함께 물가로 내려갔다.

햇살이 비치고 간 다음 날 강물은 물속에 숨겼던 신작로부터 내어놓기 시작했다. 강물은 자고 일어나면 조금씩 뒷걸음치며 물러갔다. 강물이 완전히 빠지자 들판은 온통 흙내로 가득했다. 논두렁에는 뻘물이 올랐다. 벼는 제멋대로 쓰러져 있었다. 무거운 물 주전자를 들고 논밭으로 심부름 가면 미끄덩거리는 흙 때문에 몇 번이고 논두렁을 굴렀다.

뒷담이 무너졌다.

우리 집과 뒷집의 경계선인 흙담이 한쪽 어깨를 드러내듯 비스듬히 무너져 내렸다. 할머니는 밤새 비가 많이

와서 무너졌다며 혀를 끌끌 차셨다. 어른들은 장마가 끝나면 고치자고 의논하고 얼마간 흙담을 그대로 두었다. 흙담이 무너져 뒷집 친구와 나는 신이 났다. 이제 힘들게 담을 빙 돌아다니지 않아도 되니까, 신나는 일이었다. 흙담은 폴짝 뛰어서 내려가고 오를 때는 큰 돌 몇 개를 밟고 오르면 쉽게 오를 수 있었다.

흙담 아래는 채송화, 봉숭아, 맨드라미꽃이 피어 있었다. 나팔꽃이 줄기를 뻗치고 오동나무도 있었다. 다듬어 놓은 반짝이는 사금파리엔 꽃물이 흥건했다. 여름이 끝날 때까지 우린 무너진 흙담을 오가며 햇살처럼 속닥거리며 놀았다. 둘이 놀다 심심하면 오동나무를 끼워 셋이서 놀았다. 오동나무에 고무줄을 묶어두고 한쪽만 잡아주면 신나게 고무줄놀이를 할 수 있었다.

삽상한 바람이 불어오자 어른들은 무너진 흙담을 쌓기 시작했다. 돌은 단단하게 박고 작두로 썰어 둔 볏짚에 황토를 섞고 반죽을 만들어 흙담을 쌓았다. 뒷문을 만들어 주면 좋을 텐데. 우리 둘은 담을 쌓아 올리는 어른들이 미웠다. 어른들은 우리 둘에게 담장이 무너질지 모르니 흙담에 가까이 가면 위험하다며 말해주었다. 그 후로 우린 오랫동안 흙담을 돌고 돌아다녀야 했다.

후두두 다시 비가 내린다. 담장에 기댄 등이 축축하다.
기억 저편의 이야기는 늘 그리움이 되고, 가슴 시린 날
꺼내 볼 수 있는 일기장이다. 쓰러진 흙담 속을 오가며
속삭였던 유년의 이야기는 메마른 나의 감성을 일깨워
준다. 햇살에 신작로를 내어 주던 강물. 무너진 흙담이
길이 되어 주던 아득한 그 길이, 그 길이 그립다.

추억 너머 그리움

제사장을 보러 자갈치시장 가는 길에 부평동 수입 상가에서 장사하는 친구 가게에 먼저 들렀다. 언제나 미소가 예쁜 그녀는 반가운 얼굴로 날 맞이해 준다. 흰 머리카락 몇 올이 가르마 앞쪽에 흰 풀잎처럼. 가지런히 빗겨져 있는 모습이 쉰을 맞은 중년의 여유로움으로 다가온다. 가게는 온통 오밀조밀한 장식용품으로 가득하다. 그녀는 수입품 중에서 장식용품점을 한다.

가게를 둘러보니 정말 탐나는 물건으로 가득하다. 청동으로 만든 촛대, 앙증맞은 액자, 은쟁반, 금·동으로 빛나는 장식장 등, 온통 화려하고 멋져 보여 은근히 갖고 싶은 마음을 충동질한다. 이 빛나고 화려한 장식품 속에서 난 비스듬히 기대고 있는 청동빛의 거울에 눈이 갔다. 그녀는 그 물건은 제법 비싼 장식품이라고 일러준다. 난 값비싼 거울 속에 나를 비추어 본다. 그녀도 함께 얼굴을 비추었다. 깊은 샘물 속 같은 청동거울 앞에서 우린 잠시 어릴 적 마을 입구에 있던, 샘물가의 아련한 추억을 함께 떠올렸다.

나는 앞집, 그녀는 뒷집에 살았다. 그녀의 집은 마당이 넓고, 뒤뜰에는 나의 어릴 적 셈으로 백 그루도 넘는 감나무밭이 있었다. 봄이면 노란 감꽃으로 목걸이를 만들고, 가을이면 농익은 홍시를 배부르게 먹곤 했다. 우린 밤낮 없이 붙어 다녔다. 주로 우리의 무대는 집 옆의 논들이었고, 소꿉놀이와 옥수수로 인형 놀이를 즐겼다. 뒷머리를 사내애 머리처럼 확 밀어 올린 단발머리가 싫었던 우리들의 욕구를 옥수수의 긴 수염이 채워 줄 수 있었다. 옥수수수염으로 올림머리, 땋은 머리, 긴 머리 등을 맘껏 할 수 있어 좋았다. 그렇게 놀다가 해가 서산으로 기울면, 쪼르르 샘물가로 달려가 우리들의 유일한 취미 활동인 하얀 고무신을 씻는 일이 남아 있었다.

그러나 고무신을 맘대로 씻을 수 없을 때도 있었다. 이웃집 호랑이 할머니가, 저녁 찬거리 씻는 데 비누 냄새 풍긴다고 우릴 혼냈기 때문이다. 풀 속에 숨겨둔 물에 불어 터진 빨랫비누 몇 조각과 짚수세미로, 흙 범벅된 고무신을 깨끗하게 씻는 작업이 우리에게 마냥 신나고 즐거운 놀이 중 하나였다. 그러다 하얀 고무신이 누렇게 변해 하얗게 씻어지지 않으면, 우린 고무신이 말랑말랑 할 정도로 빨랫돌에다 비벼가며 쌀뜨물 같은 고무신의 땟국이 벗겨질 때까지 작업을 계속했다. 엄마는 하는 일 없이 돌아다니며 남보다 신발을 두 배나 빨리 떨어지게 한다며 구박을 주기도 했다.

샘물에서 흘러내린 도랑물에서 간혹 징그러운 실뱀이나 죽은 벌레들을 목격하기도 했다. 놀다 목이 마르면 우린 시원한 샘물을 떠서 마셨다. 샘물 속에 얼굴을 비추면 우리들의 모습은 잔잔한 물결로 일렁이며, 그림자처럼 담겨 있었다. 햇살이 뜨거운 한낮, 샘물가에 아무도 오지 않으면 우린 큰 소리로 노래를 부르기도 하고, 나뭇잎을 깨끗이 씻어 물 위에 띄우기도 했다. 나뭇잎이 간지러워 샘물도 여울지며 따라 웃고, 단발머리의 우리 얼굴은 흑백사진의 인화지처럼 물 위를 유영했다. 우리 둘만의 성장 놀이터인 샘물가에서, 봄이 오고 여름이 가고 가을과 겨울을 맞았다. 비밀 일기장 같은 그리움의 추억들을, 샘물은 변함없이 정갈한 얼굴로 간직해 주었다. 시간 속에서 우리들의 모습은 단발머리에서 갈래머리로 차츰 변화되어 가고, 복사꽃처럼 붉어진 우리 얼굴을 샘물은 눈치채지 못했다.

그러곤 오래전 우린 그곳을 떠났다.

낡고 아련한 샘물가의 추억을 떠올려, 지난 일을 회상하는 그녀와 나의 모습을 청동거울이 말없이 지켜보고 있다. 세월의 긴 여행 중, 지친 어깨를 잠시 토닥이며 서로를 위로하는 그녀와 나의 눈가에는 이제 어쩔 수 없는 세월의 잔주름이 늘었다.

갑자기 가게 안이 소란스러워졌다. 물건을 사려고 가게 안으로 손님들이 들어왔다. 다음 명절 제사장 볼 때 다시 놀러 오겠다며 일어서자, 그녀는 조그마한 액자를 포장해서 건넨다. 사진을 넣어두라며 일러준다.

그녀의 가게를 나와 온갖 물품이 넘쳐나는 시장길을 빠져나오며 제사에 쓸 생선과 자잘한 일상의 품목들을 떠올리고 지갑에 든 돈을 어림수로 계산해본다. 분주한 사람들의 행렬에 섞여 자갈치시장 쪽으로 발걸음을 재촉하였다. 그런데 좀 전부터 자꾸만 무언가를 두고 온 것 같은 허전함이 바빠진 내 발걸음을 멈추게 한다. 무얼까? 그녀의 가게에 어떤 귀중한 물건을 두고 온 것 같은 착각에 온통 머리가 산란해진다. 무얼 잃어버렸지? 다시 들러볼까? 나는 이만큼 내려온 길을 천천히 고개 돌려 뒤돌아보았다.

그 자리에 그녀가 서 있었다.

오후 햇살에 가려 청동거울 속에서 보았던 단발머리 모습으로 수줍은 그리움의 볼우물을 물들이며, 친구는 환한 얼굴로 나를 향해 손 흔들며 그렇게 웃고 서 있었다.

풍경 속의 풍경

석산마을의 메기들

석산리 너른 들은 신도시 택지개발의 붐을 타고 대단지 아파트 숲으로 변해 버렸다. 메기가 노닌다 하여 메기들이라 불리던, 비옥한 들판은 죽순처럼 솟아오르는 아파트 건설에 저당잡혀 흔적조차 남아있지 않다. 마치 요술 램프의 요정이 하룻밤 사이에 도시를 옮겨 놓은 것처럼. 풍요를 주었던 석산리 들판의 풍경은 자취도 없이 사라져버렸다.

양산시청의 남서쪽에 자리하는 석산마을은 35번 국도가 양산과 구포를 연결하고 있는 지역이며, 옛 지명은 메기가 하품하며 노니는 메기들이었다. 저습한 지역으로 농사짓기에는 아주 형편없는 갈대밭이었다. 폭우가 쏟아지면 낙동강 상류의 물이 불어나면서 거의 옳은 수확을 할 수도 없었다. 농민들의 생활은 늘 가난의 굴레를 벗어날 수 없는 비천한 삶의 땅이었다.

이러한 불모지는 1922년 3월 양산수리조합이 창설되어 1923~1926년에 걸쳐 1차 양산천개수공사의 완공으로 농사짓기 가능한 땅이 되었다. 하지만 마을 뒷산에서 석산 들판으로 흘러 들어가는 물을 우회시키는 승수로(둑)는 개설되지 않아, 수리안전답에는 미치지 못하는 불안전한 경작지였다.

그 후 1934~1936년 3년여의 2차 양산천 개수공사가 이루어지면서 가뭄과 수해에도 농사가 가능한 수리안전답이 되었다. 별도의 퇴비를 하지 않아도 풍작을 거두는 기름진 들이 되었고 월리·곡리·지당, 세 부락 농민들의 삶의 터전인 들녘이 되었다.

석산마을 새동네

석산마을 새동네는 수해를 입은 농민들이 모여 사는 마을이다. 마을이 형성되기 전에는 가파른 언덕에 걸쳐진 산등성이였다. 자연 재앙에 모든 걸 잃어버리고 참으로 힘든 세월을 견디며 지켜온 마을. 이제 그 시절의 아픔을 기억하는 이들은 얼마 남아있지 않다. 물난리로 인해 이곳으로 이주하였던 농민들은 주로 안골마을과 산니말 주변에 살던 농민들이었다.

1969년 초가을로 접어들던 어느 날 하늘에 구멍이라도 뚫린 듯 폭우가 쏟아졌다고 한다. 마을 사람들은 어찌할 바를 몰라 허둥대기만 했었다. 밤이 되자 거세게 내리던 폭우는 문중갓 산허리를 동강 내고, 엄청난 토사를 마을로 흘러내려 하천을 완전히 메워 버렸다. 마을 전체가 하천수에 매몰되고, 농민들의 가재도구는 물론 집터까지 송두리째 앗아가 버렸다.

모든 걸 잃어버리고 망연자실한 가난한 농민들의 어려운 사정은 당시 중앙뉴스를 타고 전파되기도 했었다. 수재민을 돕는 온정의 손길은 마을로 전해졌고, 그해

정부로부터 토지 매입 자금을 지원받아, 현재의 석산리 880번지 일대로 집단 이주를 하게 되었다고 한다.

지금은 깨끗하고 단정한 마을 모습이다. 얼마 전 재능기부 봉사자들의 기부로 낡은 담장에는 벽화꽃이 피었다. 마을로 들어서면 화려한 벽화 그림이 먼저 반긴다. 삭막하고 칙칙했던 담장마다 알록달록 벽화가 그려짐으로써 골목에 한층 생기가 넘쳐난다.

골목길을 돌아 나오면서 할머니들을 만났다. 벽화에서 만난 동화 속 아이들처럼, 옹기종기 모여 앉아 겨우내 잠시 얼굴 내민 아시 정구지(부추)를 다듬고 있었다. 꽃샘바람은 허술한 내의로 파고드는데, 실낱같은 아시 정구지(부추)는 피 한 종지라며, 장에 내다 팔 거라고 언손이 바쁜 할머니들. 다들 살림이 궁하지도 않건만 몇 푼이나 얻으려고 봄 햇살 한 줌 아래 모여 저리 수다로 즐거울까.

남유대南遊臺

　벽화 골목을 벗어나 석산 일동미라주 아파트 앞 도로를 걷다가, 금정산 등산로에서 반대쪽 산길로 접어들었다. 마른 풀잎을 헤치고 샛길을 따라 조금 더 들어가면 보통골 계곡에 있는 듯, 없는 듯 세워져 있는 바위를 마주 보게 된다. 바로 남유대南遊臺다. 남유대南遊臺는 성주인星州人 중추원의관中樞院議官 이기주李琪柱가 만년에 쌓은 누대이다. 이기주李琪柱는 고려말엽의 문열공文烈公 이조년李兆年의 후손으로 호는 회남淮南이다. 이기주李琪柱는 자신이 거주하는 곳에서 멀지 않은 이곳 보통골 계곡 바위에다 남유대南遊臺라 크게 새겨 두고, 자신의 이름과 아들 이철호李喆澔의 이름도 함께 새겨 두었다.

　이기주李琪柱는 남유대南遊臺에서 벗들과 어울려 시를 짓고, 풍류를 즐기며 곡리마을의 대지주로 영화롭게 살았다. 그러나 후대에 이름을 남기려고 새긴 바위는 지금은 오랜 비바람에 시달려 흐릿하게 지워져가고 있다.

사라져버린 고택

발길 가는 대로 걸어가며 마을의 흔적을 찾아낸 기쁨이 소소하다. 잡목이 어우러진 샛길을 벗어나 지금은 사라지고 없는 안골마을 이 주사 댁으로 향했다. 이 주사 댁은 남유대南遊臺에서 풍류를 읊은 이기주李琪柱와 그의 아들 이철호李喆滈, 그 후대 자손까지 살았던 곳이다.

그러나 지금은 멋스러움과 기품이 깃들었던 고택의 정취가 흔적조차 남아있지 않다. 몇 해 전 쓰러져가는 고택을 지키던 자손마저 떠났다. 그 후 집터를 처분했는지 고택은 사라져버렸고 콘크리트 건물 한 동이 들어서 있다.

옛 속담에 부자가 삼대를 내려가기가 어렵다고 했던가. 이러저러한 사정이야 어떠하든 다 떠나고 없는 빈터에 해묵은 은행나무만 남아 옛집을 쓸쓸히 지키고 있다.

이미 고택의 안채는 운명이 예정된 것처럼 기와와 서까래가 금방이라도 무너져버릴 것만 같았다.
사랑채를 떠받치고 있는 붉은 기둥은 세월의 비바

람을 견딘 자취가 역력했다. 툇마루에는 먼지가 켜켜이 쌓여 세월의 흔적이 깔려 있었다. 굳게 닫힌 방문의 문고리를 잡으면 방 안에서 금방이라도 "그 누구요." 하는 주인의 호령이 들리는 것 같은 착각에 사로잡히기도 했다.

신도시로 변모해 가는 마을에 유일하게 남은 고택. 문화재로 등록한다는 소문이 나돌던 한옥이라 다들 부러워하던 고택이다. 그런데 이젠 헐릴 수밖에 없는 기막힌 처지가 되었다니 안타까울 뿐이다.

어떻게 된 영문인지 모르지만 대대로 살아온 가옥의 문짝들을 남김없이 우리에게 준 집주인의 사정을 생각하니 마음이 편치 않다. 당장 오늘부터 헐벗은 채 덩그러니 지붕만 이고 버틸 고택의 운명이 안쓰럽다.

– 정영숙 수필 「오래된 문」(2011년)에서

영세불망비永世不忘碑 내력

부귀영화도 한 시절인가, 안타깝고 허망한 마음에 발길을 돌려 마을 입구로 향했다. 마을 입구에는 오래된 비석이 세워져 있다. 이름하여 영세불망비永世不忘碑다. 이 비석이 세워진 내력을 정리한 글을 옮겨 본다.

　　석산 들판의 경작지 대부분을 소유하고 있던 이 주사는 (일제 시 주사 별정직을 받음) 그야말로 천석꾼을 능가하는 재력가였다. 한 해 농사로 거두어들이는 곡식은 엄청났으며 이 주사의 창고는 늘 농작물로 넘쳐 났었다. 농기구는 머슴들의 손으로 항상 반질거렸고, 헛간에는 일반 농사꾼은 가져 보지 못하는 농기구며 연장들로 가득했다.

　　이 주사는 고을 최고의 유지였기에 소작인들은 감히 얼굴을 직접 대면하기도 어려운 인물이었다. 하지만 그의 인품이 나쁘지 않았다. 지주와 농민은 갈등이 없었다. 그는 수해와 흉작이 있을 때면 곳간의 곡식을 풀어 농민들을 위로하고, 조세를 내지 못하면 세금을 대납해 주기도 하여 칭송을 받았다. 이에 마을 주민들은 뜻을 모아 "영세불망비"를 세우기도 하였다. 석산 월리마을 입구에 이 비석이 현존하고 있다.

– 정영숙 수필 「풍로 속으로」(2007년)에서

내 삶의 풍경을 그리워하며

언제 그 많은 시간이 흘러버렸던 것일까. 지금 내가 사는 마을은 신도시를 마주 보고 있는 마을이다. 택지개발이 되기 전의 흔적들은 거의 없다. 새참을 내가던 농로며 초록 물결이 넘실거리던 들판과, 벼가 누렇게 익어가던 논들도 이젠 사라지고 없다. 서른세 해를 넘기며 살아가고 있는 곡리마을의 정경들을 다 기억하고 싶다. 나는 흩어지려는 지난날의 기억을 주워 모아 그리운 풍경의 액자를 만들어 본다.

이른 새벽부터 메기들로 나가 해가 질 때까지 들에서 사셨던 아버님들. 보리타작이 거의 끝날 무렵이면 누렁소와 함께 쟁기질로 써레질을 하여, 이웃과 어울려 못줄눈금에 맞춰 모를 꼽던 풍경들. 푹푹 찌는 한여름의 벼는 무성히 자라고 삽상한 바람이 불어오면 누렇게 익은 벼를 온 가족이 나서서 탈곡하던 풍경들.

해가 서녘으로 기울면 메기들 너머 강둑에 풀어 둔 누렁소를 찾아, 지게에 소꼴 한 짐 얹어서 가는 길. 워낭소리에 하루의 고단함을 잊고 집으로 돌아가는 풍경들.

　우리들의 기억 속에서 눈물겹게 그리워하는 풍경들.

　그 풍경 속의 풍경들이 그립다.

　＊ 양산시 승격 20주년 기념 특집-《양산의 삶터, 양산의 풍
　　경》

봄을 기다리며

유난히 추운 겨울이다. 연일 어둑신하다. 목련나무의 앙상한 가지 사이로 바람이 사납게 지나간다. 나뭇가지에 앉아 부리로 줄기를 콕콕 쪼던 새들이 발이 시린 듯 파드득 날개를 떨며 날아오른다. 내 얼굴도 동시에 떨린다. 추위 때문만은 아닌 것 같다. 언제부턴가 오른쪽 눈가가 미세하게 떨리더니, 요즘 들어서는 안면 근육이 통째로 떨린다.

불안감이 밀려온다. 손거울을 꺼내 떨리는 얼굴을 한참 동안 들여다본다. 겨울 햇살이 안쓰럽다는 듯 내 어깨에 내려앉는다. "눈 떨림과 안면근육 떨림 증상을 방치

하면 병이 됩니다. 다만 아직 심각한 상황이 아니니, 마음을 편안히 가지세요."라던 의사의 말이 떠오른다. 유자차를 끓여 한 모금 마셔 본다. 따끈하고 상큼한 유자향이 목젖을 타고 내린다.

그래, 괜찮아질 거야. 마음을 다독이다가 급히 일어선다. 다른 데 집중하는 것이 불안을 해소하는 데 효과적일 수 있거니와 헌 옷을 수선해야겠다는 생각이 떠올랐다. 얼마 전, 지인이 바느질 솜씨가 좋다고 칭찬하던 옷 수선집으로 가야겠다. 장롱을 열어 색 바랜 원피스와 길이를 줄일 치마 몇 벌을 챙겨 집을 나섰다.

수선집 유리문을 밀고 들어갔다. 작고 아담한 작업대 위에 수북이 쌓인 옷에서 포근한 온기가 느껴진다. 순간, 눈꺼풀이 파르르 떨렸지만, 나는 짐짓 아무렇지 않은 척 주인을 불렀다. 작업대 너머에서 재봉질하던 주인이 뿔테안경을 코언저리에 걸친 채 걸어 나왔다. 나는 가볍게 인사를 건넨 후 조금 낡았지만 감물로 염색하여 즐겨 입었던 철릭 원피스를 내보이며, "긴 치마의 밑단은 무릎 정도로 접어서 수선하면 좋겠고, 앞섶 옷고름은 요즘 유행에 맞지 않으니 떼면 좋겠다."고 너스레를 떨었다.

원피스 앞섶에 줄자를 이리저리 대어 보던 주인이 나를 향해 "혹시 수 놓을 줄 아세요." 하며 물었다. 간단한 수는 놓을 수 있다고 대답했더니, 뜻밖의 제안을 했다. "이 옷을 리폼하면 옷고름으로 묶였던 언저리가 밋밋해질 텐데, 작은 꽃 모양의 자수를 한번 놓아 보시죠? 옷 모양이 훨씬 더 기품있어 보일 겁니다."

글쎄, 내가 할 수 있을까.

집으로 돌아온 나는 서랍장에서 색실을 꺼내 놓고 고민에 잠겼다. 어떤 꽃 수를 놓을까. 머릿속에 반짝 꽃마리꽃이 떠올랐다. 꽃마리꽃은 봄날 양지쪽에 무리 지어 피는 연한 하늘색 꽃, 자세히 보아야 보이는 아주 작은 풀꽃이다. 나는 리폼한 옷을 펼쳐놓고 연필로 꽃마리꽃 몇 송이를 도안했다. 그러고는 스티치 기법을 응용하여 자수를 놓았다. 한 땀 한 땀 몰입하여 수를 놓다 보니, 눈꺼풀의 떨림도 느껴지지 않는다.

시간이 얼마나 흘렀을까, 드디어 원피스 앞섶에 소담하고 앙증맞은 꽃마리꽃 한 송이가 피어났다. 낡고 밋밋한 원피스가 다시 기품을 찾았다. '봄이 오면 나들이

할 때 입으리라' 생각하니 나도 모르게 얼굴에 웃음이 꽃핀다. 몸의 떨림은 결국 마음에서 일어나는 것. 어쩌면 근육 떨림은 마음먹기에 따라 사라질지 모른다.

그렇게 생각하며 밖을 보니, 그동안 눈에 띄지 않던 나무가 보인다. 한파를 껴안고 가지마다 꽃눈을 틔우고 있는 매화나무다. 바람이 불 때마다 가지를 파르르 떠는 나무에서 자신의 불안과 고통을 감내하는 존재의 결기가 느껴진다. 겨울이 깊을수록 봄이 가까워진다는 사실을 나무도 아는 것일까. 나는 마당으로 나가 매화나무처럼 햇살을 향해 팔을 뻗어본다. 내 마음에도 새봄이 도래하기를!

콩죽 한 그릇의 위로

가끔 마음이 헛헛해지고 무언지 모를 허기를 느낄 때 콩죽을 끓여 속을 달랜다. 콩의 고소함은 입맛을 돌게 하고 부족한 기운을 채워준다.

뜨끈한 콩죽 한 그릇으로 쓰린 속이 데워지면 허하던 몸과 마음이 부드러워지고 편안해진다. 자극적이지 않고 고소하고 슴슴한 콩죽은 식도염에 시달리는 나의 위장을 어루만져 주기에 충분하다.

콩죽은 다른 죽보다 끓이는 과정도 번거롭지 않고 손쉽게 만들 수 있어서 좋다. 나는 메주콩으로 끓인 콩죽을 좋아한다. 어릴 적에도 나는 다른 죽보다 콩죽을 좋아했다. 늦가을, 타작하여 거둬들인 콩으로 엄마가 끓여주던 콩죽의 맛은 고소하고도 깊은 맛이었다.

콩죽을 끓이려면 먼저 콩을 깨끗하게 씻어 하룻밤 정도 불려두고 함께 넣을 쌀도 반나절 정도 불린다. 찹쌀보다는 멥쌀로 쑤면 소화가 더 잘되는 것 같아 멥쌀을 넣어 자주 끓인다.

깨끗이 씻어 충분히 불려두었던 콩을 믹서기에 갈아주는데, 곱게 갈지 않고 콩이 씹힐 정도로 성글게 갈아준다. 곱게 갈아도 되지만 덜 갈린 콩의 고소함이 입안에서 톡톡 터지는 걸 좋아한다.

갈아 둔 콩을 두꺼운 냄비에 넣고 센 불에서 끓이다가 콩이 거의 익었다 싶으면 중불로 조절하고 불려둔 쌀을 넣고 나무주걱으로 냄비 바닥에 눌어붙지 않게 저으면서 끓여 준다. 죽을 끓이다 물이 부족하면 물도 보충하고, 쌀알이 퍼져 되직해졌을 때 소금으로 간하면 맛있는 콩죽이 완성된다.

헛헛한 속을 달래려고 끓인 콩죽 한 그릇을 사발에 담아 어스름이 찾아든 마루에 밥상을 차렸다. 열무 물김치를 곁들여 낸 뜨끈한 콩죽 한 그릇, 소박한 밥상이다. 식기 전에 후후 불어가며 천천히 한술 떠먹어 본다.

때때로 몸과 마음이 고단하고 살아가는 일에 몹시 휘둘릴 때, 가둬 두었던 속내마저 다 털어내지 못해 생긴 속병에는 죽만 한 것이 없는 것 같다. 죽을 먹는 단순한 식사이지만 부드럽고 따뜻한 한 술이 목젖을 적시면 세상의 풍문에 지친 마음이 위로를 받고 다시 살아갈 힘을 주는 나를 위한 위로의 식사다.

안경 너머의 풍경

"노안입니다. 돋보기를 쓰셔야 되겠는데요?"

눈이 침침해서 안경점에 들렀더니 주인이 말했다. 오래전부터 안경을 썼던 나로서는 변화까지는 아니지만, 안경을 두 개씩이나 써야 하는 불편을 겪게 되었다. 그렇다고 이 나이에 라식수술을 할 수도 없으니 다소 불편하더라도 감수해야 한다.

낡은 자동차처럼 늙어버린 몸은 노안을 불러오게 마련, 이 변화를 부인할 순 없다. 침침한 시야를 환히 트이게 하려면 돋보기를 써야 한다. 안경점 주인의 권유에 따라 검고 두툼한 뿔테 돋보기를 장만하였다. 낯설고 답답

하지만, 신문에 박힌 깨알 같은 글자나 읽고픈 책을 편하게 읽을 수 있으니 다행이다. 일찍부터 눈을 관리해 왔더라면 내 콧잔등이 이렇게 힘들지는 않을 텐데….

어릴 적 나는 책 읽기를 좋아했다. 특히 해 질 무렵 마루에 앉아 책을 읽는 것이 좋았다. 집히는 아무 책이나 펼쳐 읽었고, 가끔은 오빠들이 빌려온 만화책에 빠져 시간 가는 줄도 몰랐다. 마루에 앉아 책을 보고 있으면 아버지는 내 어깨를 토닥이며 늘 "야야, 석양빛에 책 읽으면 눈이 나빠진단다." 하고 말씀하셨다. 그러나 해 질 녘 마루에 앉아 책 읽는 일은 어린 내겐 유일한 즐거움이었다. 나직하지만 단호하게 타이르시던 아버지의 말씀. 그 목소리를 나는 잔소리로 듣고 방으로 자리를 옮겨 방바닥에 엎드렸다. 그러고는 가슴팍에 베개를 괴고 사방이 컴컴해질 때까지 책을 읽곤 했다. 혹시나 아버지가 뒤따라오시는지 문틈으로 내다보면, 그때마다 아버지는 붉게 물든 노을을 지고 농기구를 정돈하시곤 했다.

그때 그렇게 나를 타이르던 아버지의 말씀을 들었더라면 어땠을까. 생각해보니, 이렇게 오래 도수 높은 안경을 쓰고 고통을 겪게 된 것은 아버지의 말씀을 귀담아든지 않아 그런 게 아닐까 싶다.

　누구나 제 눈에 맞는 안경을 쓰고 살아간다. 유리를 통해 내가 보고 싶은 세상만 본다. 유리는 내 눈에 또 다른 망막을 앉혀주고, 이전투구의 세상은 그 망막을 통해서만 환히 보인다. 망막 그 너머는 흐릿하다. 이젠 안경이라는 그 망막 위에 돋보기라는 또 다른 망막을 덧씌우게 되었으니, 내 앞에 놓인 것만 보게 된 셈인가.

　안경을 벗으면 보이지 않는 당신 얼굴의 주름. 돋보기를 써도 보이지 않는 내 외로움과 서글픔. 안경 너머, 보이지 않는 당신은 그리고 나는 어디서 무얼 하고 있을까. 해 질 녘, 어릴 적 내 어깨를 토닥이며 조용히 타이르시던 아버지의 모습이 노을빛처럼 일렁이며 가슴 아릿하게 한다.

몸 신호등

추석을 며칠 앞두고부터 왼쪽 팔이 심하게 저리더니 오늘은 행주를 짤 수조차 없이 저리고 아파졌다. 그냥 두면 더 심해질 것 같아 병원을 찾았다. 정형외과의 젊은 의사는 오랫동안 무리해서 생긴 병이니 치유가 빠르지는 않을 거라며 물리치료를 받으라고 권했다. 물리치료실에 들어가니 침대마다 끙끙거리며 누워있는 환자는 모두 나이가 지긋한 분들이셨다. 간호사는 따뜻한 수건으로 찜질을 하고, 어깨에는 저주파가 나오는 기계를 붙여 놓고는 약 40분 동안 쉬세요, 하고는 가버린다.

병원에 오면 내 아픈 팔을 당장 아프지 않게 정성껏 치료받을 수 있으리란 기대는 물거품이 되고 말았다. 가만히 누워 생각해보니 왠지 억울한 생각이 들었다. 누가 등떠밀어 보낸 것도 아니고 내 몸이 아파 스스로 병원을 찾은 나의 행동은 그동안 보내온 몸 신호등을 무시한 까닭이다. 평소 무거운 물건을 잘 들어 올리고 힘자랑을 한 행동들이 후회스럽다.

매주 2~3회 만나는 한글교실의 할머니들은 100% 출석이 없다.

오늘은 구야 할머니께서 옥상에 고추 널러 갔다가 계단을 내려오면서 미끄러져서 병원에 입원하셨다고, 옆자리 할머니가 걱정스러운 얼굴로 일러준다. 지난주에는 복선이 할머니가 허리를 다치시고, 반장 할머니도 눈이 침침해서 백내장 수술이 잘못되었나 서둘러 병원에 가셨다. 온통 환자 학생들로 가득한 교실에서 나는 팔 아프다는 핑계도 못 대고 부지런히 칠판에 글씨를 또박또박 쓴다.

병이 찾아들 때는 온통 심신이 고단하고 힘드니 먼저 주의 신호로 조심하라고 은근한 몸 신호를 보낸다. 사람들은 귀찮다는 생각과 좀 지나면 괜찮을 거라는 안일한

157

생각으로 지나쳐 버리는 경우가 허다하다.

항상 건강할 때 건강을 지키라는 잔소리 같은 표어를 잘 알고 있지만 복잡하고 다양한 우리들의 일상에서는 그 표어가 무색할 때가 많다. 장기입원을 해야만 하는 큰 병이나, 오한을 느끼는 몸살이나 제 살이 아프다는 것은 참으로 고통이다. 몸이 아프면 마음도 함께 아프기 마련이다. 그래서 나중에 심해지면 몸이 아픈 건지, 마음이 불안해서 더 아픈지 고민에 빠져들기도 한다.

하지만 몸에 이상이 느껴지면 더 이상 건강에 대한 현재의 상태와 증상을 간과할 수 없다. 몸이 전하는 상태를 즉시 이해하고 서둘러 약을 투약하든 치료를 받든 내 몸의 신호기를 정상 위치로 회복시켜 주어야 한다. 혹시나 하는 불안감은 몸 전체의 균형을 무너뜨리게 되고 괴로움은 또 다른 고립감으로 인해 더 많은 병의 원천을 만들고 만다.

불가항력의 나락에서 건져줄 파란색 신호등은 바로 가족이며 가족의 도움이 커다란 힘이 될 수 있다. 고통을 함께 나누다 보면 마음의 위안을 얻을 수 있고 그로 인해 여러 가지 증상에 따른 몸의 규칙을 바로잡아서 새로운 생활의 활력을 가지게 된다. 병의 무력감으로부터 탈피하여 생기가 넘치면 온 가족의 몸 신호등도 정상의 위치를 찾게 되고, 다시는 무리하지 않으려 서로 노력하고 주의하게 된다.

몸이 전하는 고통은 치유될 수 있다는 긍정적 생각을 가질 때, 몸의 기운은 상승하고 내려진 차단기를 들어 올릴 수 있다. 정해진 규칙을 위반하고 과속으로 질주하면 몸의 신호기는 어김없이 고지서를 발부하게 되고, 비싼 과태료로 재산상의 고통도 함께 감수해야만 한다. 스스로 건강의 신호등을 잘 살피고 지키면 새로운 건강의 활력을 덤으로 얻을 수 있다. 속삭이듯 들려주는 내 몸의 말을 흘려듣지 말며 평소 마음을 편히 가지고 무리가 가지 않도록 신경을 써야겠다.

찔레꽃 연가

가끔 주말이면 산책길에 나선다. 천천히 걷는 운동이 건강에 좋다고 해서 시작한 운동이다. 오늘은 야산 숲길로 해서 근처에 있는 사찰 입구까지 걸어갈 생각으로 집을 나섰다.

숲길로 접어들자 바람결에 아카시아꽃 향이 코끝을 간지럽힌다. 바짓단을 비비적거리는 작은 풀꽃들의 사랑스러움에 이끌려 천천히 걸음을 옮긴다. 숲은 온통 싱그러운 기운으로 넘쳐난다. 물오른 나무들이 내뿜는 풋풋한 향기를 맡으며 천수답으로 이어지는 울퉁불퉁한 황톳길까지 걸었다.

숲길에서 벗어난 오월 하늘이 눈부시다. 길섶 덤불 속엔 어느새 하얀 찔레꽃이 흐드러지게 피어있다. 외로운 들숲에 저 홀로 핀 하얀 찔레꽃은 시골에서 유년기를 보낸 사람들에게는 그리움의 향수를 불러일으키는 꽃이다.

찔레꽃은 보리가 무성히 익어가는 5월이면 천수답 가는 골짝 어귀 풀숲에서 청초하게 피어난다. 소박한 매무새에 다섯 잎의 하얀 작은 꽃잎은 애틋한 모습으로 향기를 전한다. 할머니들이 전해주는 먼 먼 시절의 보릿고개 이야기, 가난한 아이들은 배고픔을 달래려 여린 찔레 새순을 꺾어 겉껍질을 벗겨내고 달짝지근한 수액으로 고픈 배를 채운다. 논밭으로 나간 부모들은 휘어진 허리를 더욱 동여매고 보리밭 이랑 너머로 논물을 가둔다. 서러움 중에 설움은 배고픔이라 풋 쌀보리를 베어다 디딜방아로 찧어 만든 떡 보리에 소금 한 술 넣어 여러 식솔에게 나누다 보면 부모는 돌아앉아 떡 한입에 물배를 채운다. 해가 석양빛으로 기울면 끝없는 황톳길에서 아이는 찔레 순 하나 씹어 먹으며 돌아올 엄마를 기다리던 배고픈 시절의 이야기는 아련한 아픔이다.

매주 주민자치센터 한글교실에서 만나는 할머니들은 노래 부르길 좋아하신다. 글자를 깨치려 끙끙거리다 "할머니 노래 한번 부르고 할까요?" 하면 어린아이처럼 좋아하신다. 처음 할머니들과 수업을 할 때는 동요도 부르고 교과서에 나오는 가곡도 찾아 불렀다. 할머니들은 동사무소에서 주민들을 위해 마련한 한글교실을 학교라고 부른다. 그래서 음악 교과서에 실린 노래 중에서 할머니들이 부르실 만한 노래를 찾아 열심히 연습하여 함께 부르곤 했다. 많은 곡 중에서도 할머니들은 '메기의 추억' 노래도 좋아하신다.

이번 봄, 관광을 다녀오신 할머니 한 분이 자신은 학교에 다녀 유식하게 가곡을 부를 수 있다며 관광버스에서 멋지게 가곡을 열창했더니 "뭔 씻나락 까먹는" 노래를 하느냐는 핀잔을 받아 억울하다며 애교 띤 얼굴로 하소연을 풀어 놓기도 하셨다.

그 후 난 할머니들이 좋아하는 흘러간 옛 노래를 찾아 부르기 시작했고, 가수 백난아가 불렀던 '찔레꽃'은 할머니들의 애창곡이 되었다. 서러움과 배고픔의 시절에 피어나던 꽃이라 보릿고개는 몸서리친다며 눈물 훔치는 할머니, 먼저 간 영감님이 보고 싶어진다며 주름진 얼굴 가득 비통함이 서리고, 옛 동무와 놀던 고향이 그리워 돌아가고 싶은 심정을 한숨으로 훔친다. 자식들은 제 갈 길로 떠나고 빈 마음 채우고자 또박또박 연필 글씨를 배우는 할머니들의 노래는 서글픔을 한 입 베어 문 아픔이다.

　　찔레꽃 붉게 피는/ 남쪽 나라 내 고향/ 언덕 위에 초가삼간 그립습니다/ 자주 고름 입에 물고 눈물에 젖어/ 이별가를 불러 주던 못 잊을 동무야/

　아무도 찾아오는 이 없는 외로운 들 숲에서 저 혼자 쓸쓸히 피었다 지는 찔레꽃은 온갖 이들의 칭송을 받는 장미과의 가시를 지녔건만 먼 길 돌아오는 이의 배고픔만 달랜다. 잘 가꾸어진 정원에 피지 못한 꽃일망정 서리서리 한 맺혀도 있는 자리에서 그 모습 간직하고, 그만의 향기를 피워 올림은 찔레꽃이 아름다운 까닭이며 사는 일에 우리 모두 이유가 있어서이다.

조용한 기록, 단단한 삶

김순아 | 시인 · 문학평론가

조용한 기록, 단단한 삶

김순아 | 시인·문학평론가

　일상은 인간의 실존이 놓인 하나의 무대이다. 이 무대 위에서 우리는 걷고, 뛰고, 호흡하면서 일하고, 사랑하고, 아파하면서 저마다의 시간을 살아낸다. 그러나 일상이 반복되면서 우리는 자신의 몸에 새겨지는 삶의 결과 온기에 무감해진다. 바삐 흘러가는 시간에 떠밀려 삶의 중심을 지나치고, 그 곁을 스치듯 흘려보낸다. 나의 시선에 들어오는 사물과 자연, 혹은 '너'의 곁에 머물러 마음을 기울이는 일은 쉽지 않다. 수필은 그렇게 놓쳐버린 삶의 조각들을 다시 불러오는 문학. 사라지고 스며드는 삶의 조각들을 다정히 불러내어, 기억과 감정의 온도로 되새기는 글쓰기이다. 그것은 어떤 대상 곁에 머무르는 행위이자, 삶의 한 자락을 단단히 붙드는 작업이기도 하다.

정영숙 작가의 『늦은 날의 문장들』은 그런 조용하고도 단단한 태도로 삶을 성찰한 수필집이다. 이 작품집은 삶의 주변부에서 피었다 사라지는 자연과 사물과 사람의 이야기로 채워진다. 작가의 시선은 항상 가장자리로 향한다. 어두운 골목에서 찰나와 같이 피었다, 찰나와 같이 사라지는 것들. 찻잔에 어리는 빛, 창밖을 스치는 바람결, 가족과 나누는 짧은 대화와 같이 금방 사라지는 풍경들을 되불러 그것을 다시 삶의 중심부에 놓는다. 그 문장은 단지 기록하기 위한 것이 아니라, 한때 우리에게 소중했으나 지금은 사라진 것들, 그 부재의 흔적을 현재의 빛 속에 되살려내려는 몸짓에 가깝다.

그녀의 수필은 소란하지 않다. 대신 조용함 속에 오래 머문 시간이 있다. 그 시간을 기록한 언어는 감정을 과도하게 꾸며내거나 과장하는 언어가 아니라, 단단하게 가라앉은 진심으로 완성되는 문장들이다. 작가의 문장은 담백하고 단정하지만, 그 속에 부서지지 않는 삶의 감각이 고요하게 단단히 깃들어 있다. 그것은 존재의 본질적 의미와 가치를 조용히 성찰한 결과이기도 할 터. 조용한 기록이기에 더 단단한 울림을 지닌 그녀의 글은, 수필이라는 장르가 여전히 살아 있는 문학임을 차분히 증명해 보인다. 그래서 그녀의 수필을 읽는 일은 곧, 내 삶의 풍경을 다시 한번 되돌아보는 일이 된다.

□ 삶의 작은 순간들을 애틋하게 돌아보는 시선

정영숙 작가의 작품 세계는 일상적 삶의 조각들을 애틋하게 들여다보는 시선에서 출발한다. 「봄물에 들다」, 「부추를 다듬으며」, 「동치미」, 「콩죽 한 그릇의 위로」 등에서 작가는 삶의 구석진 곳에서 피어나는 것들의 숨결을 더듬고, 그곳에 깃든 미세한 온도를 어루만진다. 마당에 피어난 매화 한 송이, 콩죽을 끓이며 묵묵히 저어대는 나무주걱의 움직임, 시어머니와 함께 평상에 앉아 나물을 다듬던 늦봄의 오후. 이런 장면들은 겉으로 보기엔 아무 일도 일어나지 않은 것처럼 보인다. 그러나 그 잔잔함 안에는 존재를 위로하고 삶을 되돌아보게 하는 힘이 깃들어 있다. 그 한 편은 이렇게 펼쳐진다.

헛헛한 속을 달래려고 끓인 콩죽 한 그릇을 사발에 담아 어스름이 찾아든 마루에 밥상을 차렸다. 열무 물김치를 곁들여 낸 뜨끈한 콩죽 한 그릇, 소박한 밥상이다. 식기 전에 후후 불어가며 천천히 한술 떠먹어 본다.

때때로 몸과 마음이 고단하고 살아가는 일에 몹시 휘둘릴 때, 가둬 두었던 속내마저 다 털어내지 못해 생긴 속병에는 죽만 한 것이 없는 것 같다. 죽을 먹는 단순한 식사이지만 부드럽고 따뜻한 한 술이 목젖을 적시면 세상의 풍문에 지친 마음이 위로를 받고 다시 살아갈 힘을 주는 나를 위한 위로의 식사다.

－「콩죽 한 그릇의 위로」 중에서

콩죽은 단순한 음식이 아니다. 그것은 고단한 삶에 휘둘리다 속병을 앓는 사람들이 먹는 것, 먹고 넘기는 것, 그렇게 소화되어 내장으로 스며들어 다시금 내 몸이 되기도 하는 것, 소화될 수 없는 삶을 소화하게 하는 음식이다. 죽을 먹는 행위는 시간 속으로 굴러간 존재(콩)의 죽음을 먹음으로써 그 어두운 빛으로 내 삶을 이어가는 행위이기도 하다. 이는 죽음을 삼켜야만 연명하는 인간의 근원적 조건이다. 작가는 부서진 콩과 그 죽음의 섭생과 양생으로 연명하는 나 사이에 어머니에 대한 기억을 소환해 놓는다. "늦가을, 타작하여 거둬들인 콩으로 엄마가 끓여주던 콩죽"은 결코 온전한 형태로 나의 몸 안에, 작가의 삶 속에 그대로 남아있을 수 없다. 그것은 배설물처럼 빠져나가고 망각처럼 사라진다. 다만 그 흔적은 남아있다. 그것은 기억이다.

어머니에 대한 기억은 작가의 몸과 삶의 윤곽을 그리는 하나의 에너지. 작가는 콩죽에 담긴 어머니의 노동과 그 보살핌을 기억함으로써 쉽게 소화될 수 없는 현실의 고단함을 소화하게 된다. 고소하고 슴슴한 콩죽 한 그릇은 단순히 헛헛한 속을 달래주는 물리적 음식이 아니라, 어머니를 기억하게 하는 음식이자, 병든 마음의 정서적 회복을 가능케 하는 기호인 것이다. 작가는 콩죽을 "후후 불어가며 천천히 한술 떠먹는" 그 순간, 비로소 마음속 어지러운 풍문들이 가라앉고, 다시 살아갈 힘이 고요히 스며드는 것을 느낀다.

돋보이는 것은 음식과 감정 사이에 흐르는 미세한 연결을 포착해내는 섬세함이다. 그녀는 죽을 먹는 행위를 생리적 충족이 아니라 "속내마저 다 털어내지 못해 생긴 속병"을 어루만지는 '위안의 식사'로 격상시킨다. 이러한 위무와 자기 돌봄의 윤리는 속도와 효율이 우선시되는 현대적 삶에 대한 조용한 반론처럼 느껴진다. 삶이란 때때로 무력하고 휘청거리는 것, 작가는 그럴 때마다 어머니가 끓여준 따뜻한 죽 한 그릇처럼 조용한 위로가 필요하다는 인식을 내비친다. 이와 같은 인식은 「봄물에 들다」에서도 유사하게 드러난다.

햇살이 잘 드는 뜰은 한 계절을 넉넉히 즐길 봄의 향연이 시작되었다. 울타리로 심어 둔 동백꽃은 머뭇거리다 이제야 꽃망울을 터트린다. 꽃사과 나무도 멍울이 생겼다. 장독대가 있던 뒤란엔 살구꽃과 황매화도 몽우리가 진다. 마당 언저리엔 개불알꽃과 노란 민들레가 봄바람을 탄다. 생기가 넘쳐나는 봄 뜰은 스스로 꽃을 피우고 향기를 모으느라 바쁘다. 겨울을 견딘 봄물 가득한 뜰 앞에 서면 해마다 봄이 새롭고 신비스럽다.

[중략]

나물을 다듬다 꽃바람에 포근한 졸음이 밀려들 때쯤,

늙은 고양이는 슬쩍 담장을 넘어갔었다. 잠시 잊고 살았
던 그해의 봄물 향기가 그리움으로 떠오른다.

– 「봄물에 들다」 중에서

봄의 전령인 꽃나무들, 마당의 뜰, 장독대 뒤편의 살구
꽃과 민들레, 그리고 봄비에 젖은 매화 향기까지, 자연
에 대한 세밀한 감응은 단순한 계절 묘사를 넘어 삶에 대
한 감각으로 이어진다. "그해의 봄물 향기가 그리움으로
떠오른다"는 구절에서는, 감각이 기억을 깨우고, 기억이
다시 감정을 불러일으키는 순환적 흐름이 감지된다. 봄
을 맞이하는 행위는 곧 '잊고 있던 자기를 다시 꺼내어
보는' 사유의 시간이다.

정영숙 작가에게 삶은 거창한 변화가 아니라, 사소한
행위에서 시작된다. 마당의 꽃망울이 터지는 것을 보고
설레고, 대문을 열어 매화 향기를 지나가는 이에게 나누
고 싶어 하는 감정, 시어머님과 함께 평상에 앉아 나물을
다듬던 기억은 모두 존재의 작은 떨림에서 비롯된다. 그
녀는 이 일상의 떨림을 간과하지 않고, 글로 붙잡아 의미
의 자리로 끌어올린다. 이는 삶을 하나의 서정적 체험으

로 받아들이는 태도이며, 동시에 세상과 자신을 잇는 조용하고 정직한 방식이기도 하다.

정영숙의 수필은 표면적으로는 소박하고 단출하지만, 그 이면에는 대상에 대한 애틋한 존중, 감각에 대한 섬세한 신뢰, 그리고 자기 삶을 정직하게 돌보려는 의지가 자리하고 있다. 작가는 그 의지로 생의 한 장면을 깊이 응시하고, 그 장면에 깃든 정서를 발견하여 일상의 구석에서 조용히 빛나는 진실을 길어 올린다. 콩죽 한 그릇, 꽃망울 하나, 장독대 뒤란의 햇살 같은 작고 사소한 것들은, 그녀의 글 속에서 모두 '삶을 회복시키는 언어'가 된다. 어쩌면 이 조용한 언어의 세계야말로, 현대 수필이 회복해야 할 본질적 미학일지도 모른다.

□ 시간과 나이 듦에 대한 자각과 수용

이렇게 사소한 것에 머무르는 작가의 시선은 일상과 사물의 표면을 건너 삶의 본질에 다가간다. 그녀에게 본질은 결코 거창하거나 추상적이지 않다. 「유효기간」,

「옷장 속에서 나이를 읽다」, 「늦깎이」 등에서 그녀는 '시간의 흔적'과 '존재의 변화'를 읽어내며, 삶에 대한 깊은 성찰을 끌어낸다. 「옷장 속에서 나이를 읽다」와 「유효기간」은 시간이라는 동일한 주제를 각기 다른 시점과 감각으로 사유한 작품이란 점에서 주목된다. 두 수필은 모두 '지나온 시간의 무게'와 '살아갈 날들의 유한성'을 전면에 드러내며, 그 속에서 인간 존재의 유약함과 회복 가능성을 탐색한다.

왼쪽에서부터 오른쪽으로 옷걸이에 걸린 옷들을 하나씩 뒤적이다 보니, 시집올 때 입었던 한복이 눈에 띈다. 새색시 때 입고는 거의 입은 적 없이 옷장 속에서 내 나이만큼 늙어 가는 진분홍빛 한복.

[중략]

어릴 적 어머니가 사주신 원피스가 만져진다. 어느 봄날, 시장에 다녀오신 어머니가 내 손에 건네주신 연한 살굿빛 원피스. 이 원피스를 입었던 그때는 참 행복했다는 생각이 든다. 가난한 형편에도 딸자식 예쁜 옷 한 벌 사주려고 꼬깃꼬깃 돈을 모았을 어머니의 마

음. 내가 딸자식을 낳아 기르면서야 알게 되었다. 그 때
문인지 요즘도 옷가게에 들르면 연살구색 옷에 눈길이
먼저 머문다. 때로는 나도 모르게 만지작거리기도 한
다. 나풀거리며 내게 건너오던 나일론 원피스의 사각거
림, 그 감촉….

- 「옷장 속에서 나이를 읽다」 중에서

「옷장 속에서 나이를 읽다」는 제목부터 흥미롭다. '옷
장'이라는 폐쇄된 공간을 열어보는 행위는 곧 기억 저편
의 자신과 마주하는 일이며, '나이를 읽는다'는 표현은
시간의 흐름을 감각적으로 체득하는 방식이다. 작품 속
에서 옷장은 단순히 의복을 보관하는 장소가 아니라, 삶
의 국면마다 접혀 들어간 기억의 서랍이자, 감정이 잠재
된 정서의 저장고이다. 시집올 때 입었던 한복, 어머니
가 사주신 연살굿빛 원피스, 자녀들의 교복은 모두 시간
속의 특정한 정서를 상징하는 '기억의 오브제'. 작가는
옷들을 하나하나 꺼내어 손끝으로 만지고, 거기에 새겨
진 과거의 감각을 현재의 언어로 재현해 낸다. 그것은 시
각과 촉각의 언어로 반짝인다. '사각거리는 원피스의 감

촉', '미지근한 물속에서 풀려나오는 얼룩'과 같은 표현은 독자에게 감각적 몰입을 유도하면서, 기억을 되살리는 통로로 기능한다.

작가에게 옷을 정리하는 행위는 물건을 버리고 정돈하는 일에 국한되지 않는다. 낡고 오래된 옷을 매만지는 일은 마음속 시간의 층위를 정돈하는 정신적 행위이기도 하다. 작가는 스웨터에 남은 김칫국물의 얼룩 하나에서도 성찰의 실마리를 건져 올린다. "겨우내 왠지 모르게 한쪽 가슴이 아렸던 게 이 얼룩 때문이었을지도 모른다"는 문장은, 사소한 얼룩 하나가 감정의 심층과 연결되어 있음을 보여준다. 그것은 내면에 새겨진 상처의 흔적일 터. 작가는 그 흔적을 옷에 묻은 얼룩에서 발견하고 치유와 정돈의 언어로 그려낸다.

반면 「유효기간」은 옷장처럼 과거를 호출하는 공간이 아니라, '지금-여기'의 존재를 직면하는 시간의 문턱에 선 모습을 보여준다.

병원을 들락거리며 받았던 물리치료는 큰 효과가 없었다. 화장대를 겨우 짚고 서서 가만히 거울을 들여다본다. 희끗희끗 잔설이 내린 머릿결, 눈가에 선명한 주름살, 탄력 잃은 피부, 구부정하게 굽은 어깨…. 거울 속 저 여자는 누구인가?

노화가 온 것은 몸만이 아니어서 요즘은 방금 들은 이 야기도 까맣게 잊는다. 열심히 밑줄 그으며 정독한 책의 문장도 돌아서면 생각이 나지 않는다. 공과금 납부 기일을 놓쳐 과태료를 낸 일도 허다하다. 문득 운전면허증 갱신하던 때가 떠오른다.

얼마 전, 허리 통증으로 고생하는 나를 위해 남편이 중고차 한 대를 사주었다. 편하게 시장도 가고 수영장 에도 좀 가라고. 수영으로 운동을 하면 허리 통증도 가 라앉을 거라고도 했다. 새삼 운전이라니. 운전대를 잡지 않은 지 꽤 오래되었다. 잊고 있던 운전면허증을 꺼내니 빛바랜 면허증 아래 희미한 숫자가 갱신 기간이 10년도 더 지났음을 일러주었다.

－「유효기간」 중에서

작가는 "바람에 동백꽃 무리가 툭, 떨어"지는 자연현 상에 소멸의 시간을 향해가는 자신의 마음을 얹어 놓는다. 허리 통증과 함께 신체의 노화를 감각적으로 묘사하는 작가는, 잊혀가는 기억, 굽은 어깨, 잔설이 내린 머릿결을 통해 삶의 유한성을 실감한다. 그녀에게 시간은 이제 기억의 뒤편에 놓인 추억이 아니라, 눈앞에서 육체를 고스란히 변화시키는 실체로 다가온다. 허리를 찌르는 통증, 바람이 허리를 휘감는 느낌, 거울 속 자신의 낯선 얼굴은 몸의 변화라는 감각적 실체를 통해 시간의 변화와 존재의 흐름을 인식하게 만든다. 이러한 감각적 인식은 정영숙 수필의 서정성을 구동하는 핵심이다. 그녀는 화려한 수사 없이도, 감각적 언어를 통해 서사의 진동을 만들어낸다.

이 작품의 상징적 핵심은 운전면허증이다. 10년 넘게 갱신되지 않은 면허증은, 삶의 정체 혹은 지나간 시간의 공백을 드러내는 표지다. 작가는 자문한다. "그사이 나는 무엇을 하며 살아온 걸까." 이 질문은 단순히 면허증의 갱신 여부를 넘어, '나'라는 존재가 지나온 시간의 방향성과 의미를 다시금 반추하게 만든다. 흥미로운 것은 이러한 자각이 결코 체념으로 이어지지 않는다는 점이다. 작품의 말미에서 작가는 수영장으로 향한다. 물속에서 허리를 곧게 펴고, 복잡한 생각을 지우며, 다시 한 번 삶에 자신을 투신한다. 시간은 소멸의 운명을 가리키지만, 작가는 그 안에서 '의미 있는 만남'을 새기고자 한다. 삶의 유효기간을 끝이 아니라 새로운 가능성으로 이어지는 경계로 되읽고 있는 것이다.

「옷장 속에서 나이를 읽다」와 「유효기간」은 서로 다른 방향에서 시간과 삶을 사유하지만, 궁극적으로는 존재의 변화 앞에서 자신을 따뜻하게 돌보려는 태도로 수렴된다. 옷장을 정리하며 과거를 다독이고, 유효기간을 자각하며 남은 삶을 의미 있게 살아가려는 결심. 그것은 유한한 삶에 대한 두려움이 아니라, 감각적 응시를 통한 실천의 계기이다.

그녀의 수필이 타전하는 울림은 여기에 있다. 무심코 지나가는 것을 놓치지 않고, 시간의 손길을 감각하고, 기억을 소환하며, 삶을 되돌아보는 태도. 이 자세가 담긴 문장들은 우리가 감당하고 있는 삶의 무게를 덜어주는 한 그릇의 따뜻한 죽과도 같다.

그녀는 작품으로 말한다. 삶은 여전히 흔들리지만, 그 흔들림조차 사랑할 수 있는 감각이 우리 안에 있노라고.

그 감각을 잊지 않기 위해, 매일매일 삶을 응시하고, 다시 써 내려야 한다고.

□ 어머니와 가족, 존재의 근원에 대한 그리움과 애도

한편 그녀의 문장 속에는 어머니와 가족, 존재의 근원에 대한 그리움과 애도의 표현이 자주 발견된다. 「어머님 그리고 어머님」, 「현충일 그 유월의 아픔」, 「깊은 슬픔이여」 등에서는 잃어버린 존재에 대한 깊은 사랑과 회한을 이야기한다.

그러나 작가는 자기감정을 과잉되게 표현하지 않는다. 그보다는 침묵에 가까운 고백으로 독자의 마음을 울린다. 「깊은 슬픔이여」와 「어머님 그리고 어머님」은 인간 존재의 소멸, 모성과 이별, 그리고 그로부터 비롯되는 정념의 파동을 섬세하게 그린 작품이다. 두 작품 모두 '어머니'라는 존재를 중심에 두고 있으나, 그려가는 방식은 사뭇 다르다.

엄마의 몸은 점점 작아져 간다. 쇠락해 버린 모습으로 반겨주는 미소는 시린 아픔이다. 엄마의 소원은 어서어서 집으로 가고 싶다. 두 다리로 걸어서 훌훌 털고 집으로 가 마음껏 다니고 싶다는 것이 간절한 소망이다. 엄마의 남은 생은 혼자의 힘으로는 도저히 일어설 수 없는 조각난 육신을 부여안고, 그렇게 생의 끝까지 가야만 한다.

베개처럼 작아진 엄마의 웅크린 몸을 안아 본다. 가슴이 먹먹해진다. 난 엄마의 가슴에 생채기만 남긴 못난 자식이라는 절절함에 형언할 수 없는 아픔이 차오른다.

－「깊은 슬픔이여」 중에서

이 작품은 생의 말미에 선 친모에 대한 깊은 슬픔을 담고 있다. 작가는 늙고 쇠약해진 어머니를 요양병원에서 돌본 경험을 중심으로, 존재의 무너짐과 그로 인한 정서적 파장을 묘사하고 있다. 봄날, 꽃잎이 지는 장면에서 시작되는 이 작품은 자연의 생명성과 대비되는 인간의 소멸성이 뚜렷이 부각된다. "엄마의 몸은 점점 작아져 간다." "베개처럼 작아진 엄마의 웅크린 몸을 안아 본다."는 구절은 육체의 변화가 시간의 흐름에 따라 소멸해 가고 있음을 보여준다. 작가의 시선은 소멸해 가는 어머니의 신체를 관찰하는 자리에 내면의 무력감과 죄책감을 얹어 놓는다. 자식으로서 "가슴에 생채기만 남긴 못난 자식"이라는 고백은 사그라져 가는 어머니 곁에서 아무것도 할 수 없는 자식의 무력감과 동시에 타자(죽음) 앞에 선 존재의 '삶의 유한성'을 통감하게 한다.

이 수필의 백미는 요양 병동의 풍경이다. 기계적 숨소리, 가습기 소리, 무표정한 병동의 노인들 사이로 스며드는 죽음의 그림자가 담담한 문장 속에 살아 숨 쉰다. 그 그림자는 생의 끝을 암시하는 것이 아니라, 죽음 앞에 선 이들이 감내해야 하는 고통과 그/녀들을 보살펴야 하는 현실의 그림자와 맞닿아 있다. 죽음의 그림자가 일렁이는 병동의 풍경은 단지 어머니 개인의 고통만이 아니라, 노령화 사회가 직면한 돌봄의 윤리와 가족 구조의 변화에 대한 작가의 문제의식을 동시에 보여준다. 반면 「어머님 그리고 어머님」은 죽음을 앞두고 함께했던 시모와의 화해와 애도를 다룬다.

아무리 허물없이 지낸다고 하지만 엄연히 시어머니와 며느리 관계이다 보니 시어머니의 몸을 만지고 다뤄야 하는 것이 나로서는 난감할 수밖에 없었다. 그래서 생각한 것은 가족이 아닌 환자를 돕는 간호사 자세가 되자고 마음먹었다. 마스크를 착용하고 비닐장갑을 끼고 최대한 어머님의 심기를 건드리지 않으며 몸속에 남은 잔뇨를 받아내고 잔변을 긁어냈다. 조금이라도 남아있는 것 같으면 왠지 내 속이 불편했다. 가끔은 힘이 들기도 했다. 그래도 일을 치르고 잠든 어머님을 보면 뭔가 대단한 일을 한 듯 으쓱해지기도 했다. 하지만 어머님의 병세는 점점 깊어졌고 마약성 패치의 강도를 더 이상 올릴 수 없는 지경에 이르고 말았다.

이별의 순간이 다가옴을 느꼈을까. 어머님은 겹겹이 싸둔 보자기를 나에게 쥐여주었다.

－「어머님 그리고 어머님」 중에서

이 작품은 모계 혈연이 아닌 비혈연 관계의 깊은 인연

을 다룬다는 점에서 더 특별하다. 작가는 푸릇한 기운이 감도는 남새밭에서 지난해 돌아가신 시어머니를 떠올린다. 시어머니는 작가에게 내적 갈등과 눈물, 그리고 사랑을 준 존재이다. 작가는 이 애증의 대상인 시어머니를 작품의 중심부에 놓고, 위암 말기에 이른 환자의 시간을 불러올린다. 작가는 환자를 돌보는 가족이다. 그러나 "아무리 허물없이 지낸다고 하지만 엄연히 시어머니와 며느리 관계"에서 짐작되듯, 시어머니와 며느리의 전통적 가족 관계에서 작가는 일방적 희생을 강요받는 며느리다. 심리적으로 충분히 교감하기도 어렵다. 그 어머니의 병든 몸을 만지고 다뤄야 하는 일은 결코 쉽지 않다. 그러나 작가는 어려움을 토로하거나 시어머니를 향해 원망을 쏟아놓지 않는다.

오히려 시어머니의 입장에 서서, "위암 말기의 고통도 견딜 수 없지만, 비뇨 기능이 어머님을 괴롭혔다."고 이야기한다. 여기서 괴로움은 인간의 기본 생리 기능이 무너질 때 경험되는 수치심과 고통을 함축한다. '비뇨 기능'이라는 민감한 신체의 영역을 전면화한 서술은, 죽음보다 견디기 어려운 존엄의 붕괴를 암시한다. "비닐장갑을 끼고 최대한 어머님의 심기를 건드리지 않으며 몸속에 남은 잔뇨를 받아내고 잔변을 긁어냈다."는 묘사는 지나치리만큼 구체적이다. 그러나 그것은 사실적 서술에 그치지 않는다. "심기를 건드리지 않으며"라는 표현은 어머님의 존엄과 감정을 함께 돌보는 행위임을 시사한다. 그 행위는 '삶의 질'을 중요시하는 돌봄 윤리와 연결된다.

"가족이 아닌 환자를 돕는 간호사 자세가 되자고 마음먹었다."에서 확인할 수 있듯이, 작가는 며느리에서 간호사의 입장으로 태도를 바꾼다. 희생적 며느리에서, 실질적이고 전문적으로 환자를 돌보는 '간호사'로 자신을 변환시키는 것이다. 이 '자세의 변환'은 고부 관계를 재규정하고 윤리적 거리감을 확보하려는 시도로 읽힌다. 물론 작가도 "가끔은 힘이 들기도 했다"고 고백한다. 그러나 "그래도 일을 치르고 잠든 어머님을 보면 뭔가 대단한 일을 한 듯 으쓱해지기도 했다"는 문장에는 '희생'의 감정보다 자기 효능감과 성숙의 기쁨에 방점이 찍혀 있다. 이는 전통적 며느리 역할의 수동적 고통 서사를 넘어서, 돌봄 노동의 의미화를 시도하는 지점이기도 하다. 작가는 시어머니를 간호하는 행위를 '며느리의 의무'가 아니라, 존재 간 연결의 실천으로 확장한다.

"어머님은 겹겹이 싸둔 보자기를 나에게 쥐여주"는 장면은 감정적 절정이자, 상징적 중심이다. 전통적 여성인 시어머니에게 '보자기'는 단순한 물건이 아니다. 그것은 삶의 응축체이며, 노동과 기억의 상징이다. 싸고, 지니고, 풀고, 다시 싸기를 반복하는 보자기는, 고단한 일상의 지속성과 즐거운 기억의 축적을 동시에 의미한다. 그 보자기를 며느리에게 건네는 행위는 자신의 전부를 증여하는 행위. 작가가 그것을 받아드는 행위는 둘 사이의 관계가 '혈연적 가족'을 넘어, 연대와 돌봄의 공동체로 변모했음을 보여준다.

작품 말미에서 읊조리는 '어머님 그리고 어머님….'은 '산 자가 죽은 자에게 건네는 말'이자, 기억과 애도의 독백이다. 그녀는 화해되지 않은 감정을 억지로 봉합하지 않으며, 지나간 삶을 미화하지도 않는다. 그보다는 삶의 슬픔과 고통을 정면으로 응시하고, 언어를 통해 그것을 떠안는다. 그 언어는 시어머님을 회고하는 데 머무르지 않는다. 작가는 '노년의 몸', '돌봄의 윤리', '삶의 끝에서 남은 말'의 의미에 대해 묻는다. 그리고 말한다. '그 모든 걸 내려놓는 자리에서야 비로소 우리가 관계의 진심을 깨닫게 된다'고. 정영숙 작가의 애도는 그래서 아름답다. 자기를 내려놓아야 비로소 타인의 슬픔과 고통을 느낄 수 있는 것. 그 고통을 나의 것으로 떠안는 일은 사랑의 다른 이름 아닌가.

□ 말과 기억의 유실에 대한 성찰

「말을 놓치다」, 「받아쓰기를 놓치다」, 「지나간 날을 만지작거리다」 등에는 기억과 언어의 덧없음에 대한 인식이 자리하고 있다. '말을 놓치다', '받아쓰기를 놓치다'에는 '놓침missing'이라는 키워드가 중심에 놓인다.

숙성된 장을 가족에게 맛보이기 위해 소금을 묵혀두던 어머님의 살림 비법, 그것은 인생의 짠맛을 단맛으로 바꾸는 삶의 지혜이기도 했다. 그러나 과연 얼마나 묵혀야 단맛이 날까. 어머님의 비법을 살아계실 때 받아쓰지 못한 일이 새삼 후회로 다가온다. 유독 햇살이 좋은 오후, 소금 자루를 앞에 놓고 나는 얼른 연필을 꺼내 든다.

－「받아쓰기를 놓치다」 중에서

이 작품에서는 '장 담그기'라는 생활사를 바탕으로, 여성이 경험한 노동의 의미와 세대 간 단절의 정서를 섬세하게 그려내고 있다. 작품 안에서 '소금'과 '장맛'은 단순한 음식 재료가 아니다. 그것은 시어머니에게서 며느리에게로 전수되는 삶의 방식이다. 어머님은 "간수를 잘 빼야 소금의 짠맛이 단맛으로 바뀐다"고 이야기하면서, '묵힌다'는 시간을 통해 장맛이 숙성됨을 알려 준다. 이때의 숙성은 단순한 발효의 과정이 아니라, 삶을 다듬고 관계를 이어가는 방식이다. 작가는 어머님이 일러준 '숙성의 시간'과 손쉬운 조리 방식에 익숙한 자신의 시간을 대비하여 보여준다.

작품 속에서 시어머니는 '장 담그는 사람'만이 아니라, 자신의 노동을 통해 가족의 기억과 감각을 이끌어가는 실천적 주체로 그려진다. 어머니는 해마다 새 소금을 장독에 묵히고, 햇볕이 좋은 날이면 장을 열어 햇살을 들이며, 궂은날에는 부정이 들지 않도록 장독을 덮는 등 살림의 매 순간에 정성을 들인다. 이는 단순한 음식 관리가 아니라, 외부의 시간과 자연의 리듬에 감응하는 윤리적 자세로 읽힌다.

반면, 작가의 세대는 바쁜 일상과 손쉬운 조리 방식에 익숙해져 있으며, '만능소스'에 의존해 음식을 조리한다. 이에 따라 어머니의 손맛은 놓치게 된다. 작가는 이렇게 대비를 통해 '맛 내기 기술의 실용성'과 '살림의 정신성' 사이의 간극을 부각하며, 오늘날의 삶이 상실한 감각의 층위를 조용히 환기시킨다. 받아쓰기를 놓쳤다는 말은 단지 조리법의 유실을 의미하는 것이 아니라, 삶을 숙성시키는 태도 자체가 사라지고 있다는 문명적 반성에 닿아 있다고 하겠다.

"어머님, 다시 한 번만 말씀해주실래요?"라는 독백은 특별한 감정적 울림을 지닌다. 부재한 어머니에게 던지는 이 질문은, 생의 국면에서 회복 불가능한 단절을 체감하는 동시에, 감각을 복원하려는 기억의 의지를 보여준다. 연필을 꺼내 드는 행위는 과거에 대한 회한이자,

어머님의 삶과 정신을 기록하고 계승하려는 의식적 실천에 가깝다. 작가는 그 계승을 글쓰기를 통해 실천하며, 사라진 손맛의 기억과 여인의 살림 철학을 문장으로 복원함으로써, 세대적 감각의 전승을 문학적으로 그려간다.

「말을 놓치다」는 '말'을 제대로 하지 못해 발생한 인간관계의 '놓침'이 드러난다.

광고 효과가 없으니 광고비를 못 주겠다거나 장사가 안돼서 문을 닫는다는 광고주, 전화 통화도 거부하는 광고주 등 이유는 다양하다. 하지만 일방적인 모욕감을 당할 때는 목까지 차오른 말이 튀어나오려 할 때도 있다.

[중략]

갑이 아저씨는 이른 아침에 대문을 두드린 것이 미안했는지 부엌에서 나오는 죽산댁 할머니께 인사만 꾸벅하곤 연신 손만 비비고 서 있었다. [중략] 그때 마침 쟁기가 필요한 옆집 사는 김씨가 들렀다. 김씨는 "아지매요. 오늘 훌치* 안 쓰면 빌려 주이소." 하곤 제집 물건 찾듯 헛간에서 쟁기를 가져가버렸다. 안타깝게도 갑이 아저씨는 말을 더듬다가 그만 쟁기 빌릴 기회를 놓쳐버렸다.

－「말을 놓치다」중에서

　작가는 일상 속 '말'과 '소통'의 미묘한 순간들을 섬세하게 포착하여, 말이 갖는 힘과 한계를 깊이 성찰하고 있다. 광고 마케팅 현장에서의 경험과 어린 시절 마을 사람들의 이야기를 교차시키며, '말을 놓친' 순간들이 개인의 관계와 삶에 어떤 의미를 지니는지를 자연스레 드러낸다. 전반부에서 작가는 광고주와의 전화 및 대면 상담 과정에서 생기는 긴장과 갈등을 사실적으로 그려내면서, 말의 기능이 정보 전달을 넘어 신뢰 형성의 근간임을 보여준다. 그녀는 "광고주의 의견을 존중하고 그들이 흡족한 반응을 보일 때까지 신경"을 쓰면서, 말이 광고 성사의 핵심임을 실감한다. 그러나 동시에 "일방적인 모욕감"과 "놓쳐 버린 말 때문에 상처를 입기도 한다". 여기서 상처란 말이 제대로 전달되지 않을 때 발생하는 소통의 결핍, 그로 인한 감정적 고통일 것이다.

　후반에 등장하는 '갑이 아저씨'는 말의 부재가 갖는 사회적 의미를 상징적으로 보여준다. 갑이 아저씨가 말을 더듬어 쟁기를 빌리지 못하는 에피소드는 단순한 해프닝을 넘어, '말'이 원활히 통하지 않을 때 생기는 소외와 상실감을 드러낸다. 갑이 아저씨가 연신 손만 비비고 서 있는 사이, 옆집 김 씨가 쟁기를 빌려 가는 장면은 적절한 순간에 말하지 못해 관계와 소통에 금이 가고, '나'와 '타인' 사이의 '연결 고리'가 끊어지는 경험을 보여준다. 이는 '타자와의 관계성'이 얼마나 근본적인가를 상기시키는 한편, '놓친 말'이 곧 '존재의 소외'를 낳는다는 점을 시사한다. 이렇게 '말'의 의미를 성찰하는 작가의 이야기는 보편적 공감으로 확장된다. 작가가 묻는 "하루에 내가 놓친 말은 얼마나 될까."라는 질문은 독자에게도 말을 어떻게 사용하고 있는지, 말의 힘과 무게를 얼마나 인지하고 있는지를 돌아보게 한다.

□ 인간 존재의 조건과 감정의 본질에 대한 성찰

이러한 방식으로 주변의 풍경에 감정을 얹어 놓는 정영숙 작가에게 자연과 계절에 스며 있는 정서를 길어 올리는 일은 자연스럽다. 「봄을 기다리며」, 「가을에 부쳐」, 「빗물 사이로」, 「찔레꽃 연가」 등에서는 사계절을 따라 흐르는 내면 풍경이 보인다. 「봄을 기다리며」에서 작가는 안면 근육 떨림이라는 불안을 겪지만, 그것을 억누르기보다 감각적으로 응시하고, 수선집을 방문해 옷을 고치고 자수를 놓는 일련의 행위를 통해 점차 삶의 균형을 회복해 간다. 특히 꽃마리꽃을 수놓는 과정은 몰입을 통한 마음의 안정이자, 낡은 옷에 생명을 불어넣는 상징적 행위로서, 존재의 회복을 은유한다. 작가는 겨울바람 속에서도 꽃눈을 틔우는 매화나무에 자신을 투사하며, 계절의 순환 속에서 삶의 희망과 결기를 읽어낸다.

「찔레꽃 연가」는 찔레꽃을 매개로 유년기의 가난과 어머니의 헌신, 그리고 노년 여성들의 삶과 그리움을 감각적으로 엮어낸 작품이다. 찔레꽃은 배고픔의 기억과 겹쳐진 슬픔의 상징, '겉껍질을 벗긴 새순'처럼 한 시절을 견딘 생의 감각을 상징한다. 주민자치센터 한글교실에서의 장면은 글을 배우는 노년 여성들의 애틋한 자립과 회복의 모습을 보여주며, '찔레꽃 노래'는 그녀들 각자의 상처와 애도를 담아내는 구술적 연가를 들려준다.

작가는 마치 화려한 정원에 피지 못한 찔레꽃을 보는 듯이, 한 세대 여성들의 '서리서리' 맺힌 한과 그 향기의 애잔함을 보고, 그것을 품위 있게 기록한다. 결국 찔레꽃은 "사는 일에 이유가 있어서" 피는 꽃이며, 그것은 바로 '살아남은 존재들의 존엄'이라는 문학적 진실로 귀결된다.

「안경 너머의 풍경」은 안경을 통해 존재의 본질을 들여다보고 있다는 점에서 특히 주목된다.

누구나 제 눈에 맞는 안경을 쓰고 살아간다. 유리를 통해 내가 보고 싶은 세상만 본다. 유리는 내 눈에 또 다른 망막을 앉혀주고, 이전투구의 세상은 그 망막을 통해서만 환히 보인다. 망막 그 너머는 흐릿하다. 이젠 안경이라는 그 망막 위에 돋보기라는 또 다른 망막을 덧씌우게 되었으니, 내 앞에 놓인 것만 보게 된 셈인가.

안경을 벗으면 보이지 않는 당신 얼굴의 주름. 돋보기를 써도 보이지 않는 내 외로움과 서글픔. 안경 너머, 보이지 않는 당신은 그리고 나는 어디서 무얼 하고 있을까.

– 「안경 너머의 풍경」 중에서

이 작품은 노안이라는 신체의 변화를 소재로, 삶의 내면을 들여다보는 섬세한 시선이 돋보인다. 작품은 시력이 흐려진 경험담에서 출발하지만, 곧이어 자기성찰과 기억, 정서적 반응으로 확장된다. 특히 작가는 '안경'이라는 일상적 도구를 통해 세상을 인식하는 인간 방식을 사유하며, 시야의 흐림을 감각의 쇠퇴로만 보지 않고, 인간 존재의 한계와 삶의 본질로까지 밀고 나간다. 노안이라는 생리적 변화는 작가에게 있어 단순한 불편이 아니라, 지나온 시간과 잊히지 않는 감각들을 되짚게 하는 계기이다.

중반부에서 펼쳐지는 유년의 회상은 기억의 재현에 머무르지 않는다. 석양 속 마루에 앉아 책을 읽던 아이, 그 아이를 타이르던 아버지의 목소리는 노안의 원인을 떠올리는 회한 속에서 되살아난다. 그러나 이 회한은 자기 책망에 머물지 않고, 아버지라는 존재에 대한 깊은 애정과 그리움으로 이어진다. 붉은 노을빛 아래 정리되던 농기구, 조용한 목소리, 그리고 눈을 보호하려던 따뜻한 손길은 이제 작가의 내면에서 노스탤지어와 함께 삶의 의미를 비추는 등불처럼 작용한다. 이렇게 과거를 재현하는 작가에게 회상은 단순한 수사가 아니라, 과거와 현재를 교차시키는 정서적 축으로써, 독자에게 아련한 정감을 불러일으킨다.

인상적인 것은 마지막 문단에서 발견되는 '보이지 않는 것들'에 대한 인식이다. 안경을 써도, 돋보기를 덧대도 보이지 않는 외로움과 서글픔은 물리적 시야 너머의 삶을 응시하게 만든다. 작가는 감각의 보조물로는 결코 온전히 포착할 수 없는 내면의 감정과 인간 존재의 빈틈을 드러낸다. 그리고 우리 모두가 각자의 '안경'을 통해서만 세상을 바라보고 있다는 인식론적 통찰을 남긴다. 「안경 너머의 풍경」은 개인의 생리적 경험을 바탕으로, 인간 존재의 조건과 감정의 본질을 성찰하게 만드는, 조용하고도 깊은 울림을 지닌 작품이라 하겠다.

□ 놓치지 않으려는 기록, 끝내 이어지는 삶의 감각

정영숙 수필은 거창한 서사나 극적 전환 없이도 인간 존재의 조건과 감정의 본질을 선명히 비춘다. 꽃잎이 떨어지는 소리, 콩죽 한 그릇의 온기, 장독대를 여닫는 손맛, 노안으로 겹겹이 두꺼워진 렌즈처럼 작은 감각들을 면밀히 기록함으로써, 그녀는 '지나침'과 '놓침'의 시간을 문장 속에 붙잡는다. 이 기록은 단순한 회상이나 감상에 머물지 않는다. 작가는 사소한 일상에 대한 감각적 응시를 통해 몸과 기억, 말과 돌봄, 시간과 계절이 서로를 되비추는 거울임을 드러낸다. 그것은 '조용한 기록은 곧 단단한 삶'이라는 역설적 진실을 보여준다.

작가에게 '잃음'과 '놓침'은 '다시 쓰기'의 동력이다. 어머니의 장맛을 받아쓰지 못한 후회, 광고 현장에서 삼킨 말의 헛헛함, 돋보기를 넘어도 닿을 수 없는 외로움은 모두 놓쳐 버린 감각의 흔적이지만, 작가는 그 공백을 문장으로 채운다. '보자기'에 싸여 전해진 기억, '찔레꽃 노래'에 밴 여성들의 서글픔, '유효기간'을 깨닫고도 수영장으로 향하는 몸짓이 그러하듯, 작가는 상실의 자리에서 다시 손을 뻗어 관계를 잇고 삶을 돌본다. 그 손끝의 윤리는 관념적 연민이 아니라 존엄을 보존하려는 구체적 실천으로서, 현대 수필이 지향해야 할 돌봄·연대의 미학을 일깨운다.

정영숙의 수필은 "놓친 것들을 다시 붙들기 위한 모색"이며 "끝내 이어지는 삶의 감각" 그 자체다. 그녀는 사라져 가는 존재의 숨결, 잊히는 말의 온기, 부드럽게 가라앉은 계절의 색을 선명하게 되살려 놓음으로써 독자에게 묻는다. '당신은 오늘 무엇을 놓치고 있는가, 그리고 무엇을 다시 이어 적을 것인가.' 이러한 물음은 곧 우리 모두의 삶을 향한 초대장이 된다. 정영숙 작가의 조용하고 단단한 문장들은, 바쁜 일상 속에서 잠시 발걸음을 멈추고 감각의 결을 쓰다듬어 보라는 제안이자, 인간이 끝내 잃지 말아야 할 관계·기억·존엄의 좌표를 가리키는 이정표라 할 수 있겠다. 이정표를 세우느라 안간힘썼을 작가의 노고에 박수를 보내며, 삼가 건투와 건필을 빈다.